그림책에 마음을 묻다

ⓒ 최혜진, 2017

이 책의 저작권은 저자에게 있습니다.
저작권법에 의해 보호를 받는 저작물이므로
저자의 허락 없이 무단 전재와 복제를 금합니다.

그림책이 건네는 다정한 위로 ○ 최혜진 지음

그림책에 마음을 묻다

북라이프

그림책에 마음을 묻다

1판 1쇄 발행 2017년 11월 15일
1판 7쇄 발행 2024년 1월 5일

지은이 | 최혜진
발행인 | 홍영태
발행처 | 북라이프
등 록 | 제2011-000096호(2011년 3월 24일)
주 소 | 03991 서울시 마포구 월드컵북로6길 3 이노베이스빌딩 7층
전 화 | (02)338-9449
팩 스 | (02)338-6543
대표메일 | bb@businessbooks.co.kr
홈페이지 | http://www.businessbooks.co.kr
블로그 | http://blog.naver.com/booklife1
페이스북 | thebooklife
ISBN 979-11-85459-93-6 03810

* 잘못된 책은 구입하신 서점에서 바꾸어 드립니다.
* 책값은 뒤표지에 있습니다.
* 북라이프는 (주)비즈니스북스의 임프린트입니다.
* 비즈니스북스에 대한 더 많은 정보가 필요하신 분은 홈페이지를 방문해 주시기 바랍니다.
* 본문에 게재된 사진과 인용문 중 저작권자의 동의를 구하지 못한 것은 저작권자가 확인되는 대로 정식 절차를 밟겠습니다.

> 비즈니스북스는 독자 여러분의 소중한 아이디어와 원고 투고를 기다리고 있습니다.
> 원고가 있으신 분은 ms2@businessbooks.co.kr로 간단한 개요와 취지, 연락처 등을 보내 주세요.

외롭고 지치고 상처받고 혼란스러운
당신의 마음을 다독여줄
그림책을 처방해드립니다.

프롤로그

만약 그때 내 마음이 충만했다면, 처해진 상황에 만족했다면 그림책은 나에게 오지 않았을 것이다.

미혼에서 기혼으로, 서울에서 프랑스 보르도로, 10년 차 잡지 에디터에서 프랑스어학원 초급반 수강생으로 일상을 구성하는 근본적 판을 모두 뒤집은 때였다. 낯선 이국 도시에서 자발적 백수 신분으로 새로운 언어를 배운다는 신선한 해방감도 분명 있었지만 마음속 깊숙한 곳을 떠나지 않았던 느낌은 흔들리고 있다는 실감實感이었다. 나라는 사람이 뿌리부터 흔들리고 있다는 실감.

제약 없이 쓸 수 있는 자유로운 시간 앞에서 무력감을 느끼는 나를, 마감 스케줄에 따라 바쁘게 살던 월급쟁이 시절의 나는 상상해 본 적이 없었다. SNS를 통해 알게 된 누군가의 작은 성공 앞에서 현실을 의심하고 조바심 내는 나를, 성취감에 함몰되었던 에디터 시절의 나는 알아채지 못했다. 생활을 위해 프랑스어를 배울 때조차 집요하게 미래의 쓸모를 계산하는 나를, 쉬는 날 서점과 미술관에서 하릴없이 서성이길 좋아했던 서울에서의 나는 알지 못했다.

덜그럭덜그럭 흔들리는 마음이 숭숭 빈 공간을 만들었다. 그 빈 틈으로 그림책 한 권이 왔다.

서점의 어린이 코너에서 표지 그림이 예뻐서 별생각 없이 펼쳐본 책이었다. 그런데 마지막 장에 이르러서는 나의 인생 책이 되었다. 책장을 덮을 때는 목울대 근처에서 자꾸만 뜨거운 것이 올라왔다. 만져주었다고밖에 표현할 도리가 없다. 애들 보는 책인 줄만 알았던, 나랑은 아무 상관없다고 여겼던 그림책이 마음속 빈 공간으로 들어와 불안을, 조바심을, 자기 증명에 대한 숨 막히는 갈증을 어루만져 주었다. 낯선 환경에서 신경질적으로 작동하던, 앞날을 계산하는 머리도 순식간에 시동이 꺼졌다. 오직 감탄하는 심장만 두근, 두근, 두근, 뛰었다.

강렬한 첫 만남 이후 그림책에 정신없이 빠져들었다. 알게 되면 알게 될수록 그림책이 좋았다. 다양한 그림들이 선사하는 미학적 포만감, 이미지와 텍스트가 서로 보완하고 협력하면서 제3의 효과를 이끌어내는 장르적 독특함, 창작해내고 싶은 심상을 벼리고 또 벼려서 어느 연령의 독자가 읽어도 이해할 수 있는 형태로 만들어내는 그림책 작가들의 창의성, 종이가 아닌 다른 매체로 옮겨놓으면 그 빛이 사그라지고 마는 물질적 고유성…. 많은 부분이 매력적이었지만 무엇보다 가장 큰 매력은 복잡 미묘하고 때로는 이해 불가한 마음의 작용에 가만히 귀 기울여주고 공감해주는 그림책의 넉넉한 품이었다.

걸신들린 사람처럼 그림책을 탐닉한 지 얼마 지나지 않아 나는 프랑스와 벨기에 그림책 현장 곳곳을 훑고 다니며 작가와 전문가를 인터뷰하는 자유기고가로 변해 있었다. 프랑스 아동문학 평론가 소피 반 더 린덴Sophie Van der Linden과 인터뷰를 했을 땐 내 영혼이 그림책에 부딪혔던 첫 순간이 그토록 강렬했던 이유를 조금 더 명확히 이해할 수 있었다.

"아이들 입장에서 한번 생각해봅시다. 어느 날 갑자기 낯설고 거대하고 복잡한 세상에 도착했습니다. 눈에 보이는 모든 것이 새로 배워야 할 대상이죠. 아이들 마음은 불안과 질문으로 가득 차 있습니다. 그러한 내면이 성장하기 위해서는 불안과 질문에 답해줄 수 있는 이야기, 그러니까 문학이 필요합니다. 세상에 대해 안심하도록, 그래서 성장할 용기를 내도록 말이죠."

'안심하도록, 성장할 용기를 내도록.'
그녀의 말을 따라 되뇌며 생각했다. 그림책의 넉넉한 품이 필요한 사람은 아이들만이 아니라고.
아이에게나 어른에게나 삶은 여러 순간 낯설고 거대하고 복잡한 얼굴을 드러낸다. 남아서 버틸 날을 초조하게 셈하는 근속연차 20년의 부장님도, 일상의 매순간을 살얼음판으로 만드는 사춘기 자녀를 둔 부모도, 밥을 안칠 때마다 알 수 없는 서러움이 솟는 주부도, 늘 남보다 나은 성과를 내기 위해 달음박질하는 30대 직장인도, 꿈이라는 막막한 단어 앞에서 자책하는 20대도, 하루 종일 오지선다 문제들에 갇혀 지내는 고등학생도 어느 날 갑자기 불안과 질문으로 마음이 가득 찰 때가 있다. 그런 불안을 다독여주고 질문에 답해줄 수 있는 이야기가 그림책 안에 있다면 비단 아이들만 읽어야 할 이유는 없다.

그때의 나처럼, 누군가의 내면이 덜그럭덜그럭 흔들리면서 숭숭 빈 공간을 만들고 있다면 그 빈틈으로 분명 꼭 맞는 그림책 한 권이 가닿으리라는 믿음으로 '그림책 처방'을 썼다. 그림책이 내게 해준 일을 그들에게도 분명 해줄 거라고 맹목적으로 믿었다. 독자들의 아픈 사연을 문장화할 자격이 있는지, 그림책에 대한 글을 쓸 준비가 된 사람인지, 이런 글을 써서 결국 무엇을 하고 싶다는 건지 깊이 생각해보지도 않은 채 무작정 엉덩이가 들썩이고 두둥실 마음이 떠올라서 저질러버렸다. 설익고 떫은 주제에 성급하게 덤벼대는 첫사랑처럼 그림책을 사랑했다.

블로그에 연재했던 '그림책 처방'을 책으로 엮어보자는 편집자의 제안을 받고 그간 써두었던 글을 한 편 한 편 읽었다. 큼직하게 뚫려 있는 생각의 구멍으로 비릿한 풋내가 사정없이 올라와 부끄러웠다.

그림책을 사랑한다는 이유로, 내밀한 마음의 작용에 관심이 많다는 이유로, 딱 한 사람만 바라보고 대화하는 일대일 교감을 좋아한다는 이유로 이런 풋내 나는 글을 출간씩이나 하는 게 옳은가. 하지만 이런 좋은 그림책이 있다는 걸 어떻게든 알려주고 싶은데…. 책상 앞에 앉을 때마다 회의와 사명감이 앞서거니 뒤서거니 했다.

그런 번민을 멈추도록 도운 것도 역시 그림책이었다. 피터 레이놀즈Peter Reynolds가 쓰고 그린 《점》이라는 책. 그림을 못 그려서 미술 시간이 짜증스럽기만 했던 베티가 백지에 겨우 점 하나를 찍었을 때 미술 선생님은 이렇게 말한다.

"자, 이제 네 이름을 쓰렴."

이름을 쓴다는 건 '이게 나예요'라고 선언하는 일. 겨우 찍어 그린 점 하나가 무능, 한계, 부족함을 상징하는 듯 보이더라도 그것을 인정하고 받아들이는 용기를 내는 일이다. 점 아래 이름을 쓰고 나서야 비로소 베티는 적어도 자신이 점을 그릴 줄 알고, 앞으로 더 멋진 점을 그리기 위해 노력하고 싶은 마음이 그 안에 있음을 깨닫는다.

지금 이 순간의 내가 어디까지 할 수 있는지 직시하고 한계를 받아들일 때 놀랍게도 성장이 시작될 수 있다는 지혜와 저지르는 용기를 나는 《점》에서 얻었다.

그리하여, 일단은, 여기까지. 추후에는 조금 더 나아지리라 믿으면서, 부끄러워도 지금 내가 도달할 수 있는 곳이 여기이므로, 나중 말고 지금, 이 글에 이름을 적는다.

최혜진

차례

프롤로그 … 06

01　툭하면 얼굴이 빨개져요 … 18
　　　거울 속 나를 사랑하는 법 __《조금 부족해도 괜찮아》

02　뭔가 내세울 만한 게 없어요 … 32
　　　내게 결여된 것을 받아들이려면 __《구멍》

03　과거의 일로 삶이 어긋나버린 것 같아요 … 44
　　　선택할 수 없는 것들에 걸려 넘어질 때 __《아나톨의 작은 냄비》

04　사는 게 귀찮습니다 … 60
　　　가끔씩 삶으로부터 도망치고 싶을 때 __《커다란 질문》

그림책 작가 이야기 01　볼프 에를브루흐 … 74

05 타인의 동정심에 자꾸 기댑니다 … 78
진정한 위로가 필요한 당신에게 __《콩알만 한 걱정이 생겼어요》

06 혼혈로 태어났어요 … 90
다르기에 더 소중한 나 그리고 너 __《너》, 《나》

07 꿈이 없어요 … 104
가만히 나를 들여다보는 법 __《복잡하지 않아요》

08 자꾸만 남과 비교합니다 … 120
질투하고 못난 마음에게 __《빨간 나무》

09 SNS에서 박탈감을 느낍니다 … 132
때로는 모든 빛나는 것에서 눈을 떼기를 __《고래가 보고 싶거든》

10 떠밀리듯 사는 것 같습니다 … 144
스스로를 속이는 삶에서 멀어지는 법 __《양이 되고 싶었던 늑대》

그림책 작가 이야기 02 마리오 라모스 … 158

11 글쓰기가 두려워요 … 162
　　있는 그대로의 나를 담는 글쓰기 __《점》

12 왜 이렇게 미루는 걸까요 … 178
　　열정이 사라진 자신이 실망스러울 때 __《커다란 곰의 커다란 배》

13 나도 모르게 어리광이 튀어나와요 … 192
　　내 안의 아이를 풀어놓는 법 __《나의 작은 인형 상자》

14 감정을 드러내도 될까요 … 206
　　착하고 예쁘지 않아도 소중한 나 __《방긋 아기씨》

15 옛 연인에게 미련이 남아요 … 220
　　오직 상처를 통해서만 시작되는 새로운 삶 __《무릎딱지》

16 매사에 무기력합니다 … 234
　　어떤 일에도 의욕이 생기지 않을 때 __《마음이 아플까봐》

　　그림책 작가 이야기 03 올리버 제퍼스 … 248

17 뭘 해도 미운 사람이 있어요 ···· 252
　　깊고 끈질긴 미움에 대처하는 법 __《숲 속 재봉사와 털뭉치 괴물》

18 친구가 없어요 ···· 266
　　누군가의 곁에 머문다는 것 __《큰 늑대 작은 늑대》

19 자책을 자주 합니다 ···· 282
　　나를 괴롭히는 부정적 감정에서 벗어나기 __《나 때문에》

20 제 젊음은 이렇게 끝나는 걸까요 ···· 296
　　일상의 의무가 나를 짓누를 때 __《숲으로 간 코끼리》

21 저는 늘 혼자입니다 ···· 308
　　상처받고 흔들리며 삶을 사랑하는 법 __《태어난 아이》

　　　그림책 작가 이야기 04　사노 요코 ···· 320

일러두기

- 이 책은 저자가 블로그와 브런치에 연재한 '에디터C의 그림책 처방'을 보강하여 책으로 엮은 것입니다.
- 본문에 등장하는 인명과 고유명사의 표기는 외래어 표기법 원칙을 따랐으나 수록된 책의 서지 정보는 출간 도서에 명시된 대로 표기했습니다.
- 본문에 소개된 그림책 중 한국어판 미출간 도서와 절판된 도서는 저자가 번역하고 원서명을 병기했습니다. 단, 해당 도서의 사진은 저자의 프랑스어판 소장본으로 촬영했습니다.
- 본문에 수록된 책 관련 사진은 해당 도서를 출간한 출판사에 촬영 및 수록에 관한 확인 절차를 밟아 북라이프에서 별도로 촬영했습니다.

01
툭하면 얼굴이 빨개져요

거울 속 나를 사랑하는 법

to. 에디터C

전 외모가 못났고 소심합니다. 사람들 앞에서 이야기를 하거나 부끄러운 상황이 되면 얼굴이 토마토처럼 빨개져요. 피부에 대한 콤플렉스 때문인지 사람들에게 쉽게 다가가지도 못하고 말주변도 없습니다. 제가 말을 하면 분위기가 가라앉는 듯해요.

외모가 예쁘고 사람들과 활발하게 어울리는 친구 앞에서는 더욱 소심해집니다. 몇 년 전 SNS에서 알게 된 동갑내기 여성분이 있는데 정말 부럽습니다. 그녀는 옷도 잘 입고 웃을 때 정말 예쁘고 피부도 너무 좋아요. 게다가 그림도 그리고 글도 쓰고, 재미있고 활발해서 사람들에게 사랑을 많이 받아요. 그녀를 닮고 싶다고 생각하면서 부러워한 지 몇 년째입니다. 안 보려고 해도 계속 그녀의 SNS를 찾아보게 됩니다. 저도 그녀처럼 옷도 잘 입고 피부도 좋고 그림이든 글이든 잘하는 게 하나라도 있었으면 좋겠습니다. 사람들 앞에서 얼굴이 빨개지지 않고 당당하게 말하고 생기가 넘치는 멋진 사람이 되고 싶어요. 어디를 가든, 누구 앞에서든, 누가 뭐라고 하든 타인의 시선을 신경 쓰지 않고 주눅 들지 않고 싶습니다.

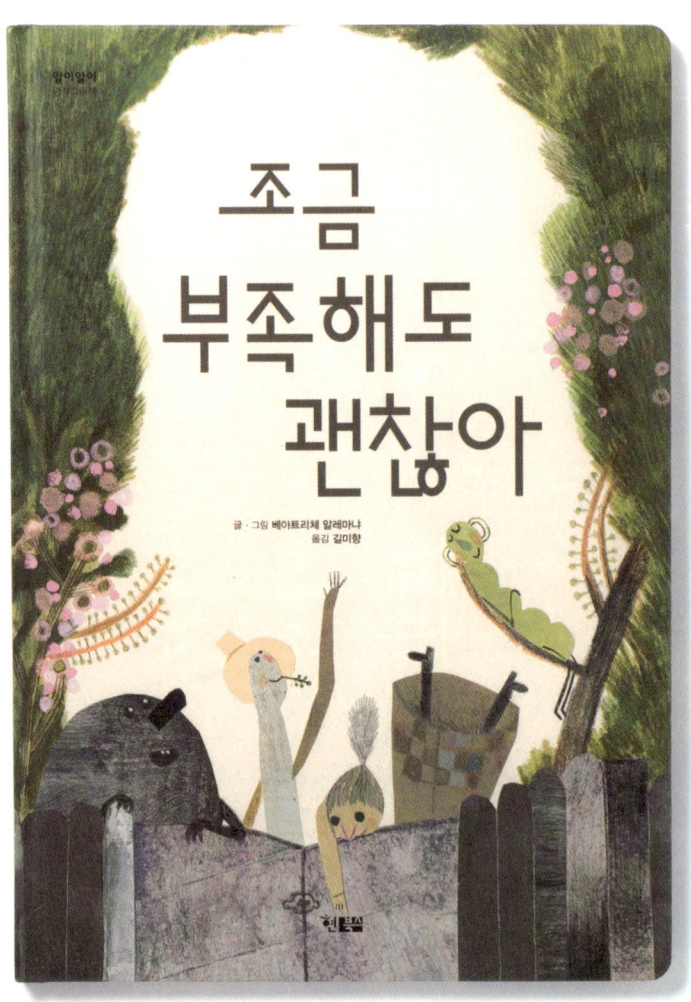

◆
조금 부족해도 괜찮아
베아트리체 알레마냐 글·그림
길미향 옮김
현북스

베아트리체 알레마냐^{Beatrice Alemagna}는 이탈리아 볼로냐에서 태어나 프랑스 파리로 이주해 활동하고 있는 그림책 작가입니다. 2014년에 발표된 이 책의 원제는 'I cinque malfatti'로, 이탈리아에서 malfatti는 시금치와 리코타 치즈를 짓이겨 만든 완자를 뜻합니다. malfatti를 직역하면 'poorly made'(대충 만든)예요. 누가 봐도 대충 만든 다섯 못난이가 주인공으로 등장하는 이 이야기는 그들의 집에 '완벽'이라는 친구가 찾아오면서 시작됩니다.

◇◇◇◇

평소 친하게 지내는 포토그래퍼에게 흥미로운 이야기를 들었습니다. 대학 동기가 웨딩 사진 스튜디오를 운영하는데 신부들이 실시간으로 모니터에 뜨는 사진을 들여다보며 이런 말을 심심찮게 한다고 합니다.

"어머, 사진을 이상하게 찍으시네요? 저는 이렇게 안 생겼는데."

평소에 셀피를 즐겨 찍는 신부일수록 이런 반응을 보인다는 설명을 듣고 고개를 끄덕였습니다. 셀피를 찍을 땐 '이 정도면 남들에게 내보여도 괜찮겠다'며 만족할 때까지 카메라 화각을 이리저리 틀고 자세를 요모조모 바꿉니다. 그렇게 얻어낸 셀피 속 얼굴을 진짜 자기라고 믿어버리기 때문에 오랜 경력의 전문가가 좋은 장비로 찍어도 '이건 내가 아니다'라고 반응할 수 있는 거죠. 이야기를 듣고 여러 가지 생각이 떠올랐습니다.

왜곡된 자기 이미지를 가지고 살아가는 일상은 어떤 것일까. 발이 허공에 둥둥 뜬 사람처럼 모든 감정이 손에 잡히지 않고 부유하지 않을까⋯.

그러다 문득 아찔한 질문이 솟았습니다.

'과연 내게는 그녀와 같은 면이 없을까. 나는 나를 정직하게 바라보고 있다고 말할 수 있을까.'

우리는 누구나 '내가 이랬으면 좋겠다'는 이상화된 자아상을 어느 정도 가지고 살아갑니다. 이상이 화려하고 멋질수록 현실은 비루하게 느껴지죠. 이상이 너무 높으면 현실을 부정하고 부인하고픈 욕구 역시 커집니다. 문제는 일상 속에서 이상을 끌어올리는 외부 자극이 너무나 자주 찾아온다는 겁니다. 의식하지도 못한 사이에 당연하다고 생각하게 된 수많은 메시지는 현실에 대한 실망감을 조장합니다.

우리는 미디어에 등장하는 셀러브리티의 외모와 일상을 보며 알게 됩니다. '아름답다는 건 저런 얼굴과 저런 몸매를 뜻하는구나, 인생을 즐긴다는 건 저런 행동을 하는 것이구나.' 그리고 이렇게 알게 된 내용을 가족, 연인, 친구, 동료와 공유하며 확대재생산합니다. "요즘 살 좀 쪘네?", "넌 쌍꺼풀만 있으면 예쁠 텐데", "피부가 왜 이렇게 칙칙해", "왜 이렇게 사람이 고리타분해. 좀 즐기면서 살아" 등 서로가 서로를 품평하고 통제하는 말을 안부 인사처럼 주고받으며 이상을 더욱 강화합니다.

SNS 세계에서는 정신을 똑바로 차리기가 더 어렵습니다. 원래 질투는 연예인처럼 멀리 있는 존재가 아니라 바로 내 주변에 있는 친구나 지인, 손을 뻗으면 닿을 수 있을 법한 사람에게서 더 강렬하게 느끼는 법이거든요. 게다가 '나 행복해요!'라고 외쳐대는 SNS 속 여행 사진과 음식 사진 중간에 불쑥불쑥 튀어나오는 치아교정, 팔꿈치 미백, 모공축소 시술 광고는 또 어떻고요. 자연스러운 상태 그대로의 모습이 혐오 대상으로 둔갑하는 광고 이미지를 보고 있으면 '혹시 나도 저렇게 보이려나?' 하는 생각에 두려워집니다. 그리고 거울 속 미천한 몸뚱이를 그냥 두면 안 되겠다는 생각에 빠집니다. 성형수술을 전 세계에서 가장 많이 하는 나라에서 외모 콤플렉스 없이 살기란 정말이지 어렵습니다.

그래서일까요. 우리는 당당함과 자신감을 쉽게 오해합니다. 당당함과 자신감에 선행 조건이 있다고 믿는 겁니다. 일단 살이 좀 빠지고, 피부가 좋아지고, 턱이 갸름해지고, 재미있고 활달한 성격을 장착하고, 언변이 좋아지면 자신감이 생기고 당당해질 수 있다고 믿습니다. 마치 어학 시험을 볼 때 듣기, 말하기, 쓰기 모두에서 최소 몇 점 이상을 얻어야 합격이 되는 것처럼 말입니다. 베아트리체 알레마냐는 바로 이 생각에 반대하기 위해 《조금 부족해도 괜찮아》를 그리고 썼습니다.

《조금 부족해도 괜찮아》에는 어딘가 하나씩 모자란 친구 다섯이 등장합니다. 다섯 못난이는 한집에 모여 삽니다. 첫 번째 친구는 배에 구멍이 숭숭 뚫려 있고, 두 번째 친구는 몸이 꼬깃꼬깃 접혀 있습니다. 세 번째 친구는 몸이 물렁물렁해서 늘 피곤하고 축 늘어져 있죠. 네 번째 친구는 위아래가 거꾸로 되어 있습니다. 마지막 다섯 번째 친구는 뭐라 설명하기도 힘든 수준입니다. 머리에 비해 팔다리가 너무 작아서 마치 거대한 공처럼 보입니다. 한마디로 모두 엉망진창이지만 이들의 일상은 별일 없이 흘러갑니다. 뭔가를 하고 싶다는 생각도 들지 않아서 집에 모여 누가 가장 못난이인가 입씨름을 벌이곤 했죠. 그래도 즐겁기만 했습니다.

그러던 어느 날, 전에 본 적 없는 놀라운 존재가 이들을 찾아옵니다. 바로 '완벽'이라는 친구입니다. 얼굴도 잘생기고 피부도 매끈한 데다 몸은 쭉 뻗어 날씬하고 코도 오뚝했습니다. 심지어 머리카락까지 길고 탐스러웠죠.

완벽이는 별일 없이 지내는 다섯 명의 못난이를 보면서 뭐든 할 일을 찾으라고 재촉합니다. 쓸모없이 시간을 축내지 말고 무슨 일이든 할 생각을 하라고 소리를 높였죠. 그러자 다섯 친구는 각각 이렇게 답합니다.

"나는 생각을 해도 모두 구멍으로 빠져나가."
"내 생각은 죄다 주름 사이에 꼭꼭 숨어버려."
"난 생각을 하다 보면 금세 흐물흐물해지고 잠이 와."
"나는 무슨 생각을 해도 자꾸 생각이 뒤집어져."
"내 생각대로 하면 결국 엉망이 되고 마는걸."

네 번째 친구는 모든 게 거꾸로였어요.
코끝은 땅을 향하고, 발은 하늘을 향해 있었어요.

"그렇다면 너희들은 아무 쓸모가 없어! 아무것도 아니라고!"
완벽한 친구에게는 다섯 친구가 한심하게만 보였어요.

이 대답을 듣고 완벽이는 한심하다는 표정을 지으며 힐난했습니다.

"그렇다면 너희들은 아무 쓸모가 없어! 아무것도 아니라고!"

다섯 친구는 자신의 가치에 대해 곰곰이 생각해보았습니다. 그리고 이렇게 답했습니다.

"그럴지도 몰라. 하지만 나는 결코 화를 내지 않아. 화가 나려다가도 구멍으로 빠져나가거든."
"나는 여기 주름 사이사이 추억들을 가득 간직하고 있어."
"나는 다른 사람들이 보지 못하는 걸 볼 수 있어."
"난 모든 걸 망쳐버리지. 하지만 어쩌다 내가 뭔가 해내면 정말 정말 기뻐!"

몸에 구멍이 숭숭 뚫렸다, 꼬깃꼬깃 접혔다, 위아래가 뒤집혔다, 맨날 망친다는 사실에서 좋은 점을 찾아내는 이 장면을 읽으며 저는 짜릿한 통쾌함을 느꼈습니다. 당당함에 대해 기존에 가지고 있던 오해가 깨지는 느낌이었거든요. 다섯 못난이는 당당함에는 선행 조건이 없다는 사실을 보여줍니다. 일단 구멍을 채우고, 주름을 펴고, 살을 빼고, 성공하고, 잘하는 게 있을 때 당당해지는 게 아니라 지금 여기서 스스로를 사랑하기로 결심하는 태도에서 당당함이 시작된다는 사실을요.

타인의 평가에 흔들리지 않고, 있는 그대로의 자신에게서 좋은 면을 찾으려는 노력이 자신의 가치를 만든다는 것을 깨달은 다섯 못난이는 그 어느 때보다 행복한 마음으로 서로 등을 토닥이며 밖으로 나갑니다. 집 안에는 완벽이만 혼자 덩그러니 남겨집니다. 세상에서 둘도 없는 바보가 된 기분을 느끼면서요.

지금과는 다른 삶을 살고 싶다면 결단이 필요합니다. SNS 속 완벽한 그녀를 이제 떠나보내세요. 그녀가 SNS에서 보여주는 모습은 편집된 몇몇 순간일 뿐 실제로 부러워할 만한 인생인지 알 수 없습니다. 설사 실제로도 완벽하고 멋있는 사람이라고 해도, 그녀를 훔쳐보며 갖게 된 높은 이상이 스스로에 대한 실망감으로 바뀌어 주눅 들게 만드는데 계속 볼 이유가 있을까요? 완벽해지고 싶다는 기대는 우리의 발을 묶어버립니다. 그토록 바라는 당당함에 가장 방해가 되고 있는 건 바로 그 기대, 자신을 향해 들이민 높은 잣대가 아닐까요.

"아, 맞아! 난 모든 걸 망쳐 버리지.
하지만 어쩌다 내가 뭔가 해내면 정말정말 기뻐!"
모든 게 엉망진창인 친구가 말했어요.

02

뭔가 내세울 만한 게 없어요

내게 결여된 것을 받아들이려면

to. 에디터C

어릴 때부터 뭘 잘한다는 소리를 들어본 기억이 없습니다. 성적이 특별히 좋지도 않았고 음악이나 미술 등을 잘하거나 좋아해본 경험도 없어요. 성적에 맞춰 진학한 대학교를 졸업했고, 회사에 다니고 있지만 월급도 박봉이고 겨우 버티는 중입니다.

말솜씨도 없고 성격도 내향적이라 모임에 참석해도 있는 듯 없는 듯 존재감이 없어요. 가장 두려운 순간은 소개팅에 나갈 때입니다. 흔히 자신을 사랑해야 남도 나를 사랑한다고 하지만 잘난 사람들이 이토록 많은 세상에서 내세울 게 하나도 없는 제가 어떻게 하면 남들의 마음을 사로잡고 자신감을 가질 수 있을까요?

사실 작은 키가 오래된 콤플렉스라 키 크는 수술에 대한 정보를 모으고 있습니다. 위험한 줄 알지만 수술을 하면 좀 더 자신감 있게 생활할 수 있을 것 같아요.

어어빈도 로세해름
HULLET
[구멍]

◆
구멍
어이빈드 토세테르 글·그림
황덕령 옮김
봄봄스쿨

'결여'라는 단어는 조바심을 불러일으킵니다. 비어 있는 공간을 얼른 채워 넣으라고, 그래야 온전해질 수 있다고, 마땅히 있어야 할 것이 빠진 현 상태의 심각성을 인지하라고 재촉하는 목소리가 들려오는 듯합니다. 이런 불안을 견디기 위해 우리는 결여를 언젠가는 메워져 사라질 일시적 존재로 생각합니다. 지금은 갖지 못해 비어 있지만 어떻게든 방법을 찾으면 결여가 사라질 거라는 믿음으로 좌절감을 버텨냅니다.

《구멍》은 조금은 낯선 시각을 제시합니다. 결여를 항시적 존재로 여기고, 나아가 '마땅히 있어야 할 게 없어 문제'라는 판단으로부터 거리를 두는 시각입니다. 종종걸음을 하느라 잔뜩 힘이 들어간 어깨에 내려앉아 꼭 알맞은 온도와 무게로 어루만지는 손길 같은 작품입니다.

◇◇◇◇

 누군가 "당신 삶의 구멍은 무엇인가요?"라고 질문한다면 뭐라고 대답하겠습니까?

 아마도 외모나 체형, 학벌, 굴곡 많은 가정사, 소심한 성격 등 여러 가지 다양한 답이 나오겠지요. 적어도 한 가지는 확실합니다. "제 삶에 구멍 같은 건 없는데요?"라고 반문할 사람은 없다는 것입니다.

 스스로에게 기대하는 바가 있는데 현실이 그에 미치지 못할 때 우리는 좌절감을 느낍니다. 내가 이랬으면 좋겠다, 뭔가 더 가졌으면 좋겠다는 이상과 열망이 있기에 여기서 비롯되는 크고 작은 실망감이나 좌절감을 어떻게 처리해야 하느냐는 문제가 생깁니다. 그런데 스스로에 대한 이상화된 이미지가 진짜 내 것이 아닌 경우, 어디선가 주입된 쭉정이 열망인 경우 상황은 조금 더 복잡하고 난감해집니다.

 경쟁 사회는 서로가 서로를 끊임없이 비교하도록 만듭니다. 무엇 하나 모자라면 안 될 것 같아 불안해지고, 불안은 현실을 차분하게 바라보지 못하게 합니다. 내가 진짜 갖고 싶은 것과 갖지 않아도 크게 상관없는 것을 찬찬히 셈하기보다는 남과 비교해 모자라다고 느껴지는 것들, 즉 내 삶의 구멍들을 채워 없애야 한다는 생각이 커지죠. 그 과정에서 일상을 유지시켜주는 여러 조건과 가치는 쉽게 평가절하되거나 무시됩니다.

사실 우리가 갖는 열등감이나 콤플렉스를 살펴보면 스스로 선택할 수 없었던 삶의 조건으로 인한 경우가 많습니다. 예를 들면 키나 외모가 그렇고, 부모님과 형제도 우리가 선택하지 않았습니다. 경쟁적인 교육 시스템, 편향된 평가 잣대를 가진 나라에서 태어난 것 역시 우리의 선택이 아닙니다. 유년기 상처로 인한 콤플렉스도 자의와 상관없이 주어진 상황이라 할 수 있고요.

불가항력적인 삶의 조건을 두고 '나는 왜 이럴까?', '왜 다르게 되지 못했을까?' 하면서 이유나 의미를 찾으려고 애썼던 시간이 있었습니다. 그럴수록 고통만 커지더군요. 그럴 땐 그냥 쓴 약을 꿀꺽 삼키듯 구멍을 삶의 일부로 인정하고 받아들이는 게 낫다는 사실을 어렵사리 깨우쳤습니다. 어이빈드 토세테르Øyvind Torseter의 《구멍》은 표면적으로 볼 땐 유쾌한 소동극이지만 제겐 삶의 구멍을 받아들이는 과정을 은유적으로 다룬 작품으로 다가왔습니다. 표지를 보면 책 가운데 작은 원이 보입니다. 실제로 책을 관통하는 이 구멍은 단숨에 독자들의 호기심을 자극합니다. 주인공은 턱을 괴고 구멍을 등진 채 고민에 빠진 표정입니다. 그에게 과연 무슨 일이 벌어진 걸까요.

주인공은 이제 막 아파트로 이사 왔습니다. 이삿짐을 풀던 중 벽에서 구멍을 발견합니다. 새로 이사 온 집에 구멍이라니요! 책에 실제로 뚫려 있는 이 구멍은 각 지면 안에서 맥락에 따라 정체가 바뀝니다. 주인공이 사태를 파악하려고 문을 열고 밖으로 나가보니 구멍은 세탁기의 유리문이 되어 있습니다. 다른 지면에서는 주인공이 걸려 넘어질 뻔한 장애물로 변신하기도 합니다.

구멍 처리 방법을 모색하던 주인공은 수소문 끝에 구멍의 정체를 파악해보겠다는 실험실과 연락이 닿았습니다. 문제는 실험실까지 구멍을 가져가야 한다는 점이었죠. 주인공은 살금살금 구멍에 다가가 순식간에 이삿짐 박스 안에 구멍을 담아서 테이프로 꽁꽁 봉합니다. 그리고 박스를 들고 실험실로 향합니다.

여기에서부터 책의 백미가 이어집니다. 아파트 밖으로 나와 실험실로 가는 길의 다양한 풍경 속에서 구멍은 휘파람 부는 우체부의 입이 되었다가, 호텔 간판 속 알파벳이 되었다가, 공사가 벌어지는 맨홀이 되었다가, 풍선 장수의 풍선이 되기도 합니다. 지나가는 자동차의 타이어, 신호등의 불빛, 스쳐 가는 행인의 눈동자, CCTV의 렌즈, 지하철에서 마주친 한 아이의 콧구멍이 되기도 하죠. 총 64쪽에 걸친 다양한 장면 속에서 구멍은 기발한 변신을 거듭합니다.

책의 후반부에는 실험실에서 연구자들이 구멍의 정체를 파악하기 위해 고군분투하는 과정이 나옵니다. 실험이 진행되던 중 날이 저물어 밤이 되었습니다. 연구자는 주인공에게 "구멍은 여기 실험실

에서 보관하면서 계속 연구하겠습니다. 실험 결과에 대해 종종 연락 드리죠"라고 말하며 주인공을 집으로 돌려보냅니다.

집에 돌아와 발코니에서 따뜻한 차 한잔과 책을 즐기며 보름달(구멍)을 감상하던 주인공은 밤이 늦은 것을 깨닫고 아파트 안으로 들어가 잠을 청합니다. 그리고 책의 가장 처음 장면처럼, 구멍은 언제나 그 자리에 있습니다.

이 책을 사랑하게 된 이유는 구멍이라 여겼던 빈 공간이 다양하게 모습을 바꿔가며 드라마를 만드는 길거리 풍경들과 구멍을 그냥 삶의 배경으로 받아들이는 주인공의 마지막 자세 때문이었습니다. 큰 갈등이나 사건이 벌어지지 않는 프랑스 영화가 따분하듯 사연 없는 인생도 저는 그리 매력적이지 않더라고요. 구멍으로 상징되는 열등감의 원인들은 때론 고통의 이유가 되지만 그것들을 받아들이고 극복하는 과정에서 자신만의 삶의 의미도 찾고 개성도 꽃피는 게 아닌가 생각합니다.

내 삶에 구멍이 있다고 생각한다면 내가 바꿀 수 있는 구멍인지, 내 의지와 상관없이 주어진 구멍인지 먼저 생각해보세요. 그리고 자의와 상관없이 주어진 운명 같은 구멍들에 대해선 생각의 관점을 조금 바꿔보는 게 어떨까요. '이 구멍이 나만의 드라마를 만들어줄 시나리오 초고'라고 생각해보는 겁니다. 시나리오를 어디로 끌고 갈지, 어떤 장르로 창작해낼지는 각자의 선택에 달려 있습니다. 중요한 건 구멍이 무조건 나쁘거나 없애야만 하는 대상이 아니라는 점을 인식하고 인생의 칼자루를 쥔 쪽은 자신이라는 사실을 받아들이는 겁니다. 구멍은 내 뜻과 상관없이 찾아왔지만 구멍에 어떤 의미를 부여할지는 스스로 선택할 수 있습니다.

03

과거의 일로 삶이
어긋나버린 것 같아요

선택할 수 없는 것들에 걸려 넘어질 때

to. 에디터C

대학교 졸업반 학생입니다. 대학원을 준비한다는 핑계로 취업을 유예한 상태입니다. 그런데 솔직히 대학원 진학도 실패할 것 같고 취업도 못 할 것 같습니다.

전 초등학교 때 어머니를 잃었습니다. 오랫동안 우울증을 앓았던 어머니가 자살했거든요. 중학교 때는 왕따를 당했습니다. 같이 노는 친구들 사이에서 돌림 왕따가 유행했어요. 돌림 순서가 돼 당한 것뿐인데, 고작 일주일의 왕따 기간에 너무나 큰 충격을 받았습니다. 결국 다시 그 친구들과 어울리지 못했고 스스로 멀어지는 길을 택했습니다. 그 후 제 삶이 어긋나버린 것 같은 느낌을 자주 받았어요.

고등학교에 들어가고 나서도 친하다고 할 만한 친구는 없었습니다. 체육 시간이나 학교 행사, 소풍 등 친구들과 어울려야 하는 날은 하루가 1년 같았죠. 그나마 친한 친구가 한 명 있었는데 절 함부로 대하고 아랫사람 취급해서 절교했고, 3학년이 되어서야 몇몇 친구들과 조금 어울렸습니다. 하지만 결국 혼자란 생각이 들었어요. 대학에 와서도 마찬가지였습니다. 친한 선배도 없고 친한 친구도 없는 것 같아요.

전 어떤 면에서는 굉장히 적극적이에요. 두 번의 연애도 제가 먼저 고백했고, 친구가 되고 싶은 사람에겐 먼저 다가가기도 해요. 제가 겪은 과거가 사소한 건 아니지만 비밀로 붙이는 편도 아닙니다. 친한 친구에게는 이야기도 했고 전문 상담가에게 상담도 몇 번 받았어요. 그런데 자꾸만 이런 생각이 듭니다. '난 실패자야. 난 결국 안 될 거야. 전에도 그랬듯 난 안 돼.' 저는 앞으로 나아가고 싶은데 현실은 고여 있다는 느낌이 자꾸만 듭니다.

···아나톨의 작은 냄비

이자벨 카리에 지음 권지현 옮김

씨드북

◆
아나톨의 작은 냄비
이자벨 카리에 글·그림
권지현 옮김
씨드북

어느 날 갑자기 하늘에서 냄비가 떨어집니다. 어디에서 온 냄비인지, 누가 보냈는지, 왜 온 것인지 알 수 없습니다. 졸졸졸 따라다니는 냄비가 하루아침에 이유 없이 생겼습니다. 움직일 때마다 걸려 거추장스럽고 힘이 듭니다. 냄비 때문에 하지 못하는 일이 많아지고 오해를 받기도 합니다. 무엇보다 남들은 갖지 않은 냄비를 혼자만 가진 것 같아 서글픕니다.

《아나톨의 작은 냄비》를 읽다 보면 어느새 아나톨의 냄비에 그동안 비밀스럽게 숨겨두었던 상처와 열등감, 불우한 사건들을 대입하게 됩니다. 앞으로 나아가는 데 걸림돌이 될 것이라고 생각한 내 삶의 조건들을 떠올리게 되죠. 이 조용한 감응은 책장을 덮을 즈음 가슴 뻐근한 용기로 불쑥 솟구칩니다.

◇◇◇◇

　기억을 다루는 요령이 간절했던 적이 있었습니다. 책에서 한 페이지를 쭉 찢어내듯 제 인생에서 어떤 시기를 몰아내고 싶었습니다. 하지만 잊고 싶다고 생각하면 할수록 과거는 더 큰 힘으로 현재를 쥐락펴락했습니다. 잊고 싶은 기억은 시간이 아무리 지나도 잊히지 않았고, 반대로 꼭 기억하리라 다짐했던 일들은 의식하지도 못한 채 희미해졌습니다.

　기억은 종종 이상한 방식으로 날뛰었습니다. '그때 내가 이랬다면' 하는 되감기를 수없이 반복하고, 좋았던 순간의 반짝임을 과장해서 떠벌렸으며, 별 볼일 없던 순간을 슬금슬금 미화하거나 죽을 만큼 아팠던 고통을 '지나고 보니 다 좋은 경험이었다'고 돌연 정리해 버리곤 했습니다. 또한 코끝을 스치는 공기의 온도, 흘려 쓴 글씨체의 굴곡, 어느 집 대문에서 흘러나오는 찌개 냄새 같은 일상의 사소한 부싯돌에서 기억은 순식간에 발화해 간신히 다 잊었다고 여겼던 과거를 현재에서 불타오르게 했습니다.

생각할수록 기억에는 참 이상한 면모가 있습니다. 이렇게나 제멋대로이고 작위적인데 나라는 사람을 설명하려면 무조건 기억에 기대야 합니다. 앞날에 대한 결정과 선택 역시 과거의 기억을 기준 삼아 합니다.

점멸하고 바래고 윤색되고 부풀려진 기억을 바탕으로 현재의 판단을 내리고, 그 판단이 모여 미래를 만듭니다. 기억은 한 사람의 정체성의 근간을 이루지만 주관적이고, 주관적이지만 언제나 마음대로 통제할 수 있는 것도 아닙니다. 이 맹점을 어떻게 받아들여야 할까요.

> 오직 그들을 언어로 불러내야만 그 폭력에서 벗어날 수 있습니다. 기억은 이야기될 때 이해 가능한 것이 되고 우리는 기억의 힘없는 희생양이 되는 것을 피할 수 있습니다. (…) 기억하는 존재로서의 우리는 자기 결정적 존재가 아닙니다. 자기 결정적 존재가 되려면 일단 이해하는 위치에 있어야 합니다.
>
> _《자기 결정》, 페터 비에리, 은행나무

철학자 페터 비에리$^{Peter\ Bieri}$의 《자기 결정》에서 힌트를 얻었습니다. 기억이란 건 애당초 자의적 편집과 자기기만적인 윤색으로 이뤄질 수밖에 없다, 기억의 속성이 그렇더라도 이를 통해 자아상을 발전시킬 수 있기에 소중하다, 그런데 어떤 기억은 무척 힘이 세서 우리를 꼼짝 못 하게 옭아매기도 한다. 그런 기억의 검은 감옥에서 탈출하기 위해서는 언어로 불러내는 작업이 필요하다. 왜 특정 기억이 자신을 흔드는지 이해하고 나면 그로부터 자유로워질 수 있다⋯. 이런 사실들을 저는 이 책을 통해 배웠습니다. 앞으로 나아가고 싶은데 과거가 발목을 붙잡는 것처럼 느껴진다는 독자분의 편지를 읽으면서 기억을 언어로 불러내는 작업을 같이 해봐야겠다고 생각한 이유이기도 합니다.

사실 이번 글을 쓰기까지 고민이 많았습니다. 전문 상담가도 아닌 제가 한마디 거들기에는 상당히 큰 상처가 아닐까 하고 주저했다는 고백을 합니다. 제게 힘을 준 것은 편지 속에서 분명하게 흐르고 있는 힘 있는 목소리였습니다. 당사자가 소통을 갈망하는데 제가 지레 선 긋기를 해버린다면 '역시 내 과거는 웬만해서는 감당하기 힘들구나' 하며 더 큰 외로움을 느낄 테니까요. 그런 상황을 만들고 싶진 않았습니다. 다른 사연들과 똑같이 여러 번 신중하게 읽고 제가 할 수 있는 선에서 교감해보기로 결심했어요. 편지 보내신 분과 똑같은 '사건'을 겪어보진 않았지만 과거에 발목이 잡힌 것 같다는 그 '감정'은 제게도 익숙하거든요. 감당하기 힘든 과거의 기억 때문에 마음을 앓아본 경험은 누구에게나 있으니까요. 그런 맥락에서 우리의 교감을 방해하는 것은 두려움 말고는 없을 겁니다. 마음을 다해서 할 수 있는 한 힘껏 제 생각을 전하겠습니다. 독자분이 제게 그렇게 해준 것처럼요.

페터 비에리가 말한, 기억을 언어로 불러내는 작업은 특정 경험에 반응하는 스스로의 모습에 '왜일까?'라는 질문을 붙이는 순간부터 시작됩니다. 편지에서 중학생 때 왕따 경험 이후 삶이 어긋난 느낌을 자주 받았다, 순서가 정해진 돌림 왕따였고 자신도 가해자였던 적이 있고 고작 일주일만 당했는데도 충격이 컸다고 하셨죠. 이다음에 '왜일까?'라고 질문을 붙여보세요. 그토록 충격이 컸던 것은 '나는 너를 소외해도 너는 내게 그러지 않을 것이다'라고 기대했던 마음이 배반당했기 때문일 겁니다. 그러면 왜 그런 기대하는 마음이 있었던 걸까요? 내 편이라고 믿었던 사람이 내 곁을 떠나는 것을 또다시 보고 싶지 않아서였을지도 모르겠습니다.

한편 궁금한 점이 있습니다. 친한 친구가 없다, 친구라고 부를 만한 사람이 없다고 거듭 말하다가 마지막엔 어머니와 관련된 상처를 친한 친구에게 털어놓기도 했다고 언급했습니다. 제가 하고 싶은 질문은 이것입니다. 어떤 행동을 같이하고 어떤 순간을 함께해야 '우리는 친한 친구야'라고 말할 수 있다고 믿으시나요? '친한 친구'라고 상정하고 있는 관계에서 구하는 것이 무엇인가요?

제가 이런 질문을 하는 이유는 외로움은 아무 때나 불쑥 찾아오는 게 아니라 타인에게 뭔가 원하는 마음이 있는데 그것이 채워지지 않는 순간에 강렬하게 체감되기 때문입니다. 내가 타인에게 무엇을 구하는지 스스로에게 정확히 설명할 수 없을 때 외로움은 감당하기 힘든 모호한 형태로 마음을 덮치죠.

진로와 관련해서도 비슷한 느낌을 받았어요. 앞으로 하고 싶은 일이 뭔지, 어떤 꿈이 있는지, 바라는 길이 어느 방향인지 파악하는 탐색 과정에서 느껴지는 막막함이 감당이 되지 않아 '어차피 대학원 진학도 안 될 거야'라고 예단해버린 게 아닌가 싶었습니다.

인간관계가 내 마음처럼 풀리지 않을 때의 속상함, 하고 싶은 일이 뭔지 파악되지 않을 때의 막막함은 많은 20대가 보편적으로 호소하는 고민입니다. 앞으로 나아가고 싶은데 제자리걸음만 하고 있다는 느낌 역시 성장 욕구가 있는 사람이라면 누구나 한 번쯤 느끼는 보편적 감정이고요. 그런 맥락에서 독자분의 발목을 잡고 있는 것은 과거의 사건이 아닐지도 모릅니다. 자기 이해의 과정에서 당연하게 동반되는 막막함과 혼란스러움을 어떻게 처리해야 할지 몰라서 막연히 과거를 원인으로 지목하는 것일지도 모릅니다. 스스로에게 필요한 질문을 던지면서 자기감정을 세분화하고 언어로 표현하려면 에너지가 상당히 많이 드니까요. 그 일이 엄두가 나지 않고 힘이 들어서 '내 방황의 원인은 과거의 특이한 경험 때문일지도 몰라'라고 판결 내리고 있진 않은지 조심스럽게 질문해봅니다.

물론 스스로 인식하는 것보다 더 깊은 차원에서 과거의 상실감이 현재에 영향을 미치는 상황일 수도 있습니다. 감당하기 어려운 과거가 발목을 잡는 듯 느껴질 때 우리가 취할 수 있는 선택지는 무엇이 있을까요? 이 질문에 자그마한 답을 내어줄 책으로 저는 《아나톨의 작은 냄비》를 권합니다.

주인공 아나톨은 빨간 냄비를 달그락달그락 끌고 다닙니다. 어느 날 갑자기 냄비가 아나톨의 머리 위로 떨어졌기 때문입니다. 왜 떨어졌는지, 왜 하필 아나톨이었는지 아무도 모릅니다. 그냥 어느 날 냄비가 생겼습니다. 성별, 국적, 가족, 가족사, 신체적 또는 정서적 특성 등 우리의 선택과 상관없이 주어진 운명처럼, 여러 삶의 조건들처럼 아나톨에게 냄비가 찾아왔습니다.

아나톨은 인사성도 밝고 사랑받기를 좋아해서 남들에게 "안아줘요!"라는 말도 잘하고 아픈 사람을 챙기는 상냥한 면도 있습니다. 음악과 그림을 사랑하고 잘하는 게 참 많은 아이인데도 사람들은 아나톨이 끌고 다니는 냄비만 쳐다봅니다. 냄비 때문에 아나톨은 자신이 평범한 아이가 될 수 없다고 생각했죠. 냄비 때문에 아나톨은 힘들었습니다. 걸을 때마다 냄비가 거추장스러웠고 나뭇가지나 움푹 파인 구덩이에 걸리곤 해서 아나톨이 앞으로 걸어가는 데 걸림돌이 되었습니다.

아나톨은 냄비가 없어졌으면 좋겠다고 생각했습니다. 멀리 던져보기도 하고 줄을 끊어보려고도 했습니다. 하지만 냄비는 사라지지 않았습니다. 아나톨은 냄비 때문에 자신은 아무것도 할 수 없다고 생각하게 됩니다. 속이 상한 나머지 숨어버리기로 하죠. 그러면 더 편해질 것 같았거든요. 아나톨은 오랫동안 냄비를 뒤집어쓰고 냄비 속에 숨어 있었습니다. 사람들은 조금씩 아나톨을 잊었고 아무도 아나톨에게 말을 걸지 않았습니다.

아나톨은 작은 냄비를 달그락달그락 끌고 다녀요.

어느 날 갑자기 냄비가
머리 위로 떨어졌어요.
하지만 왜 그랬는지
아무도 몰라요.

냄비 때문에 아나톨은
평범한 아이가 될 수 없었어요.

그러던 어느 날 원피스 주머니 안에 작은 녹색 냄비를 넣고 다니는 한 아주머니가 아나톨에게 말을 겁니다. 세상에 평범하지 않은 사람, 냄비를 가지고 다니는 사람은 아나톨 말고도 많았던 겁니다. 아주머니가 자신의 녹색 냄비를 꺼내 보여주는 순간 아나톨은 냄비를 벗어던지고 다시 얼굴을 드러내고 싶다고 생각합니다. 아주머니는 아나톨에게 냄비를 가지고 살아가는 방법을 알려주었습니다. 그리고 함께 시간을 보내던 어느 날 아나톨에게 냄비를 넣을 수 있는 가방을 만들어주었습니다. 냄비를 없애버릴 순 없지만 걸음을 방해하지 않도록 가방 안에 넣어놓을 수 있다는 사실을 아나톨은 처음으로 알게 된 것입니다.

가방 안에서 냄비는 여전히 달그락달그락 소리를 내지만 예전처럼 눈에 잘 띄지 않았고 어디에 걸리지도 않았습니다. 아나톨은 친구들과 마음껏 뛰어놀 수 있었고 사람들은 이제야 아나톨의 그림 솜씨를 있는 그대로 보면서 칭찬합니다. 그리고 제가 좋아하는 이 책의 마지막 문구가 등장하면서 이야기가 마무리됩니다.

아나톨은 예전과 똑같은 아나톨이랍니다.

냄비가 눈에 보이든 보이지 않든 아나톨은 똑같이 아나톨입니다. 이 말을 한 번 더 생각해보면 냄비는 처음부터 아나톨의 일부였다는 뜻임을 알 수 있습니다.

냄비는 우리 각자가 가진 감당하기 어려운 운명, 삶의 조건, 의사와 상관없이 처해진 환경 등을 상징합니다. 크기나 색깔은 조금씩 다르지만 많은 사람들이 이런 냄비를 하나씩 가지고 있습니다. 어떤 냄비는 쉽게 감당할 수 있지만 어떤 것은 한 걸음 내디디기조차 힘든 족쇄가 되기도 합니다. 그 냄비를 자신의 일부로 받아들이는 일은 정말이지 쉽지 않습니다.

'무슨 일이 벌어졌든, 어쨌든, 이것이 내 인생'이라는 받아들임의 과정에서 필요한 것 그리고 때론 구원이 되는 것이 바로 내가 짊어진 냄비의 무게를 알아주는 타인의 공감입니다. "내게도 냄비가 있어" 하면서 자신의 마음을 열어 보이는 사람들이요. 물론 "제 주변에는 그렇게 다가와주는 사람이 없어요. 제 과거를 이해해줄 수 있는 사람도 별로 없을 거예요"라고 말하고 싶을지도 모릅니다. 하지만 꼭 기억해주었으면 좋겠습니다. 세상에 평범하지 않은 사람은 나 말고도 많다는 사실을요. 체육 시간, 학교 행사, 소풍날에 하루가 1년처럼 느껴졌던 사람이 당신 혼자가 아니라는 걸요. 친구들과 어울리지 못하는 자신을 보면서 인간관계에 문제가 있다고 여기는 사람은 아주 많다는 점도요.

마지막으로 누구에게나 감당하기 쉽지 않은 냄비가 있다는 것, 그 냄비를 자신의 일부로 끌어안으려고 고군분투하면서 달그락달그락 걸어나가는 것이 인생의 본질이라는 점을 꼭 기억해주었으면 좋겠습니다.

다행히도 세상은
아나톨의 생각대로 되지 않았어요.

세상에는
평범하지 않은 사람들이 있거든요.

그런 사람을
만나기만 하면 되어요.

04

사는 게
귀찮습니다

가끔씩 삶으로부터 도망치고 싶을 때

to. 에디터C

제 인생의 모토는 '자기 관리를 잘하는 사람이 되자'입니다. 그래서 다방면에서 잘하고자 노력합니다. 운동도 꾸준히 하고 악기 연주도 좋아합니다. 운동, 봉사, 공부, 동아리 활동, 연애 등 뭐 하나 빠지는 것 없이 잘 챙겨가며 열심히 산다는 이야기를 종종 듣습니다.

그런데 가끔씩 전부 포기하고 싶다는 생각이 듭니다. 심할 때는 살아있는 것 자체가 귀찮습니다. 죽으면 이런저런 생각을 하지 않아도 되니 편할 것 같다는 생각도 듭니다. 현실을 모두 잊고 싶을 때는 잠이 오지 않아도 억지로 잠을 청합니다. 우울증에 걸린 게 아닐까 걱정도 됩니다. 우울증은 평생 고칠 수 없고 주변 사람을 괴롭히는 병이라는 말을 들은 적이 있기에 누구에게도 이런 제 상태를 털어놓을 수 없습니다. 무거운 우울감이 제 인생을 방해할까 봐 걱정됩니다.

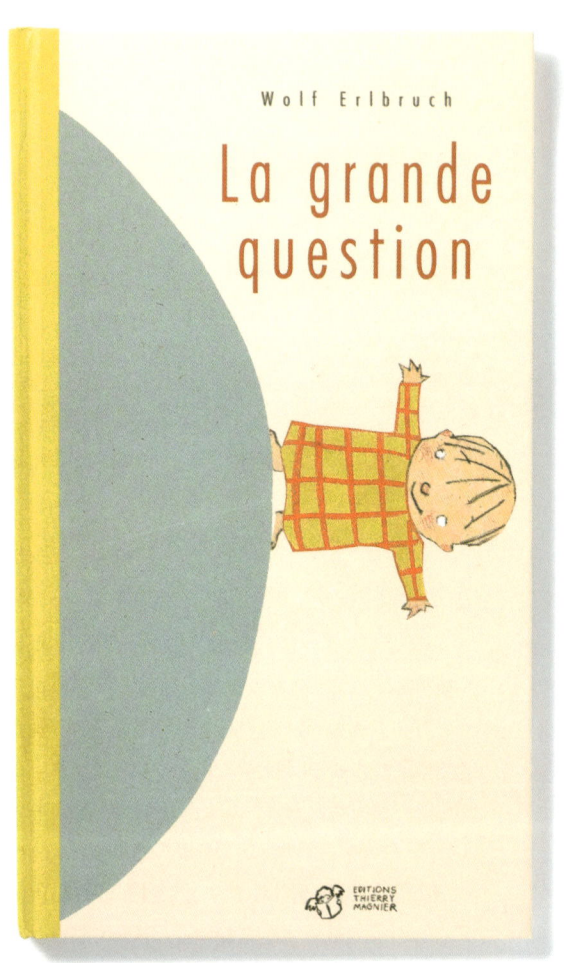

*프랑스어판 표지

커다란 질문 The Big Question
볼프 에를브루흐 글·그림
유로파 에디션스 Europa Editions

숫자 3이 말합니다. "언젠가 셋까지 세는 법을 알기 위해서야." 고양이가 말합니다. "가르랑거리는 소리를 내기 위해서야." 빨간 소형 비행기를 조종하는 비행사가 말합니다. "하늘에 있는 구름과 입을 맞추기 위해서야." 군인이 말합니다. "명령에 따르기 위해서야." 뱃사람이 말합니다. "넓은 바다를 탐험하기 위해서야." 돌멩이가 말합니다. "그저 머물기 위해서야."

볼프 에를브루흐 Wolf Erlbruch의 《커다란 질문》은 대답으로만 이루어진 책입니다. 질문은 등장하지 않지만 책장을 한 장 한 장 넘기다 보면 어쩐지 그 질문을 들은 것만 같은 느낌이 듭니다. 아이는 커다란 질문을 던졌고 세계는 각자의 답을 내놓습니다. 책의 마지막 장을 덮을 즈음에는 스스로 질문하는 자신을 만나게 됩니다.

"나는 왜 존재할까? 내 삶의 의미는 뭘까?"

◇◇◇◇

 열여덟 무렵을 떠올리면 어느 한구석도 초점이 쨍 하고 맞아떨어지지 않습니다. '나는 누구일까?' 같은 건설적인 질문 대신 '나는 왜 이럴까?'라는 뾰족하고 시큰한 질문밖에 할 줄 몰랐던 시절, 스스로를 머리부터 발끝까지 의심하고 난도질을 해댔던 때였습니다. 진득하고 모호한 감정의 덩어리가 일상을 압도했습니다. 지독한 첫사랑의 여파였습니다.

 물론 여느 고등학생처럼 미래에 대한 부담감도 제 마음을 짓눌렀습니다. 제가 다니던 고등학교에선 야간자율학습 시간이 되면 성적 상위 10퍼센트 학생들이 가방을 챙겨서 '생활관'이라고 불리는 별관으로 이동했습니다. 학교는 이들에게 독서실처럼 개인 칸막이가 설치된 4인 1실의 쾌적한 공간에서 공부할 수 있는 특권을 주었습니다. 우등생들이 교실을 빠져나가고 나면 선생님들은 교실 밖 복도에 있는 철문을 잠갔습니다. 90퍼센트의 아이들은 언제 땡땡이칠지 모르니 감금하고 10퍼센트 우등생들에게는 조용히 공부할 특실을 제

공한다는 발상이 아무렇지도 않게 받아들여졌던 시절이었죠. 매달 모의고사를 치를 때마다 철문 안에 갇히는 90퍼센트가 될까 봐 무서웠습니다.

경쟁을 부추기는 시스템을 의심하거나 반항하고 뛰쳐나갈 용기가 없었던 저는 대신 스스로를 괴롭혔습니다. 누군가를 좋아한다는 감정의 의미, 감정을 품고만 있는 일과 감정을 따라 행동하는 일의 차이, 공부하는 이유, 진로 선택같은 커다란 문제부터 '그래서 잘 먹고 잘살려면 한 달에 얼마를 벌어야 하는 건가' 같은 구체적인 생활의 문제까지, 누구라도 붙잡고 질문하고 싶었지만 뭘 어째야 할지 몰라 입을 굳게 닫고 모든 불안을 내면화했죠.

그때 제가 유일하게 마음을 놓을 수 있었던 공간은 생활관 옥상이었습니다. 교실은 야만스러웠고 집도 고민을 털어놓거나 따뜻한 대화를 나누는 공간이 아니었습니다. 오히려 가장 내밀한 결핍을 심어준 공간이었죠.

야간자율학습 시간이 되면 선생님들의 감시를 피해 깜깜한 학교 옥상으로 올라가 음악을 듣거나 달을 보거나 일기를 쓰거나 울었습니다. 우주 미아가 된 것처럼 최대한 몸을 웅크리고 까만 밤을 났습니다. 매일 그렇게 했습니다. 그렇게 하지 않으면 미친 듯 피어오르는 생각에 질식할 것 같았거든요. 지금은 '아, 그때 난 우울증이었구나'라고 알게 되었지만 당시엔 그 감정의 정체가 뭔지 몰랐습니다. 물론 이유도 몰랐고요.

이따금 옥상에 올라와 함께 시간을 보내주는 친구가 두 명 있었습니다. 그중 한 명이 어느 날 옥상 난간 위로 훌쩍 올라가 성큼성큼 걷더니 난간 끝에 자릴 잡고 앉더군요.

"여기서 보면 저 멀리 헤드라이트 행렬이 반 고흐 그림처럼 보여. 와서 봐봐."

그 말을 듣고 4층 건물 옥상 난간 위로 발을 올렸던 순간을 전 아마 평생 잊지 못할 것입니다.

가림막이 전혀 없는 폭 30센티미터 정도의 난간 위에서 내려다본 세상은 이전과는 전혀 다른 모습이었습니다. 한 발 옆으로 디디면 죽음이, 반대로 한 발 디디면 삶이 있었습니다. 그때 처음으로 죽음을 제대로 보았습니다. '사람은 누구나 죽는다' 같은 당위적인 명제가 아니라 체험으로, 현실로 죽음이 다가왔습니다. 삶과 죽음의 경계에는 두터운 철문이나 거대한 장벽 같은 것이 있어서 이쪽에 있는 동안에는 저쪽 일 따윈 신경 쓰지 않아도 되는 줄 알았습니다. 그런데 알고 보니 경계는 어처구니없이 얇고 가늘고 허약했습니다. 일순간 머릿속이 순식간에 정리되고 맑아졌습니다. 난간 위를 걷는 동안 제 안에서 분명한 목소리가 들려왔거든요.

'절대 여기서 떨어지고 싶지 않아.'

살고 싶다는 뜻이었습니다. 난간 위에 서기 전까지는 제 안에 강한 생의 의지가 있는지 몰랐습니다. 매일이 그저 그랬고 마지못해 제자리를 지키고 있다고 생각했으니까요. 처음으로 들어본 주체적이고 본능적인 목소리였습니다. 몸의 실감은 관념보다 강했습니다. '나는 죽고 싶어서 이러는 게 아니다. 우울한 것도 삶을 포기하고 싶어서 그러는 게 아니다. 잘 살아보고 싶어서, 그런데 지금은 방법을 잘 몰라서 몸부림치느라 그런 거다'라는 인식이 피부 세포 하나하나에 스며드는 듯했습니다.

이후 제 삶은 아주 서서히 나아졌습니다. 이유 모를 우울감은 쉽게 떨쳐지지 않았지만 '살고 싶어 하는 나'를 인식한 후부터는 순간순간 작은 돌파구가 보이기 시작했습니다. 그 뒤로 1년이 지났을 무렵 무라카미 하루키村上春樹의 《노르웨이의 숲》을 읽었고, 죽음이 삶의 대극이 아니라 삶 속에 잠겨 있다는 그의 이야기에 깊이 공감했습니다.

죽음이 삶 속에 내재해 있음을 몸으로 강렬하게 경험한 적이 한 번 더 있습니다. 2015년 11월 13일 프랑스 파리에서 연쇄 테러가 일어나 150여 명이 사망했습니다. 파리 11구에 있는 바타클랑 공연장, 파리 외곽 축구장 스타드 드 프랑스, 파리 10구의 캄보디아 식당 프티 캉보주 등이 테러의 표적이 되었습니다. 당시 저는 브뤼셀에 거주하며 파리로 취재를 자주 다녔고 테러가 일어나기 불과 사흘 전 프티 캉보주에서 밥을 먹었습니다.

머리로는 '우연이다. 현장에서 살아나온 사람도 있는데 호들갑 떨지 말자. 냉정하자'라고 수없이 되뇌었지만 몸이 말을 듣지 않았습니다. 난사한 총알로 산산이 부서진 식당 유리창이 나온 뉴스 속 사진에는 사흘 전 제가 앉아 밥을 먹었던 바로 그 자리가 보였습니다. 나도 그들 중 한 명일 수 있었다, 나도 그곳에 있을 수 있었다, 내가 저 사람일 수 있었다는 실감이 집채만 한 파도로 밀려와 눈물이 쏟아졌습니다.

'어쨌든 나는 안전해서 다행이야'라고 말해야 했지만 그 말을 하려면 '누군가는 죽었지만 타이밍 덕분에 나는 살았으니 다행이야'라고 말해야 했습니다. 살아 있는 게 좋았지만 마치 복불복 게임 앞에서 "나만 아니면 돼!"를 외치던 어느 예능 프로그램 출연자가 된 것 같아 소름끼쳤고 섬뜩했습니다.

거대한 혼란과 죄책감 속에서 며칠을 보냈습니다. 죽음과 삶이 단 1초 사이에 갈릴 수 있다는 사실, 겨우 10그램의 총알로 부서질 만큼 삶이 연약하다는 사실, 언제라도 죽음이 찾아올 수 있다는 사실, 찰나와 찰나의 연쇄 작용으로 삶이 이어진다는 사실을 피부 세포 하나하나로 느꼈습니다. 그런 후 도달한 결론은 살아 있는 동안 붙들어야 할 건 삶의 연약함뿐이라는 역설이었습니다. 언제까지 나에게 허락될지 모르기 때문에, 언제 사라질지 모르기 때문에 찬란하게 살아내야 할 지금, 여기, 오늘.

테러 바로 다음 날, 여느 날처럼 노천카페로 나와 커피 한잔과 햇살의 온기를 느끼며 감탄하는 파리 시민들이 많았습니다. 그들의 마음속에 슬픔과 두려움이 없었으리라고 생각하지 않습니다. 죽음

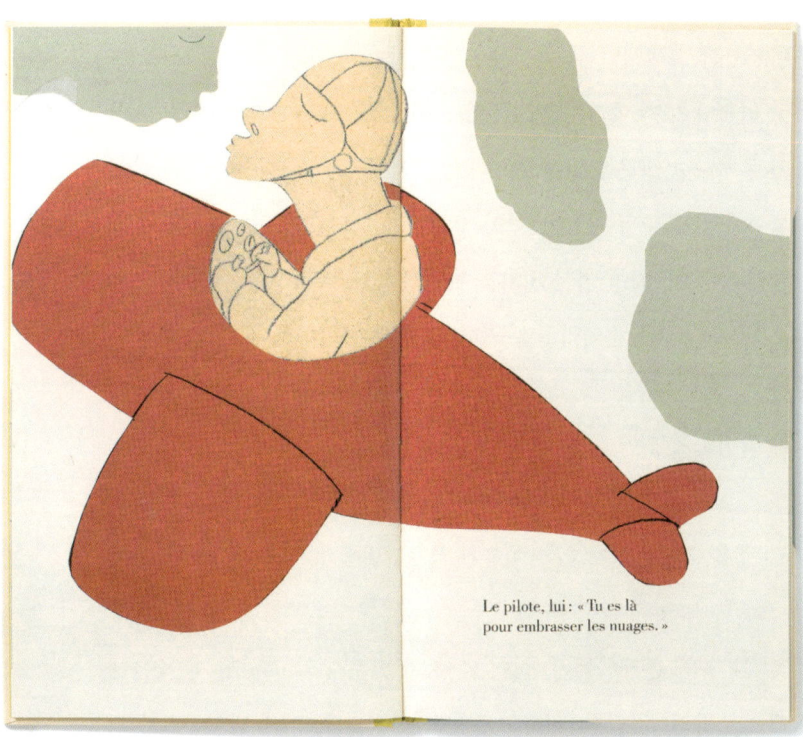

Le pilote, lui : « Tu es là pour embrasser les nuages. »

이 삶 속에 잠재해 있다는 걸 알기에 작지만 확실한 일상의 기쁨을 더 열심히 붙들기로 선택한 사람들의 경건한 의식이었습니다.

독일 작가 볼프 에를브루흐는 철학적 주제를 압도적인 통찰력으로 간결하게 담아내는 예술가입니다. 《커다란 질문》은 대답으로만 이루어진 그림책입니다. 질문이 등장하지 않지만 책장을 한 장 한 장 넘기다 보면 어쩐지 그 질문을 들은 것만 같은 느낌이 듭니다. 아이는 커다란 질문을 던졌고 세계는 각자의 답을 내놓습니다. 나란히 늘어선 각자의 답은 눈에 보이지 않지만 분명한 울림으로 우리에게 말합니다. 네 삶이 어떤 의미를 가져야 한다고 결정할 수 있는 존재는 바로 너 자신뿐이라고 말입니다. 책의 중반에는 제가 가장 좋아하는 장면이 나옵니다. 노란 꿀벌을 가만히 바라보는 해골 그림 옆에 단정하게 쓰인 한 줄의 문장.

죽음, "네가 거기 있는 이유는 삶을 사랑하기 위해서야."

'내가 왜 존재하는지, 삶이 왜 가치 있는지 알고자 할 때 죽음에게 질문하라.' 그림책 《커다란 질문》의 메시지를 쉽게 넘겨듣기가 어렵습니다. 내일 죽는다면 무엇이 후회될까, 후회를 남기지 않기 위해 오늘 뭘 해야 할까 종종 제 자신에게 질문하거든요. 죽을 각오로 덤비면 뭔들 못 하냐는 선동이 아닙니다. 죽음을 사유하는 일입니다.

누군가는 이렇게 되물을지도 모릅니다. 그렇지 않아도 우울하고 힘든데 꼭 죽음에게 질문하고 답을 찾아야 하느냐고요. 모르겠습니다. 저는 그렇게 삶을 사랑하는 법을 깨우쳤습니다. 제가 진심을 담아 해줄 수 있는 이야기라고는 제 인생에서 가장 외롭고 황량했던 시기에, 모든 것이 막막하게만 느껴졌던 까만 옥상 위에서 어렵게 깨우친 이 삶의 자세뿐입니다.

La mort

es là pour aimer la vie. »

죽음,
"네가 거기 있는 이유는 삶을
 사랑하기 위해서야."

그림책 작가 이야기 01

볼프 에를브루흐
Wolf Erlbruch

취향에 맞는 그림책 작가를 알아보는 혼자만의 요령이 있다. 그가 출간한 책 중에 죽음을 주제로 삼은 책이 있다면 일단 그 작가를 신뢰한다. 이것은 전적으로 개인적인 경험에서 비롯된 맹목적 생각이다. 합리적인 근거도 없고 권할 만한 그림책 선택법인지도 잘 모른다.

하지만 이런 생각을 갖게 된 나름의 이유는 있다. 독자 어느 누구도 대면하고 싶지 않은 죽음이라는 존재를 코앞에 들이미는 이야기를 지으려면 일단 큰 용기가 필요하다. 조금 더 쉽고 무난한 주제를 두고 굳이 험난한 주제를 선택했다는 건 그만큼 세상을 향해 던지고픈 메시지가 간절하다는 뜻이다. 쉽게 말해 '해도 그만, 안 해도 그만'이 아니라 '꼭 해야만 하는' 이야기가 작가의 내면에서 부글부글 끓다가 책으로 만들어졌다고 생각한다.

또 죽음의 존재를 유년기 아이에게도 진지하게 알려줄 필요가 있고 충분히 이해받을 수 있다는 믿음에서 책을 지었을 테니, 그런 작가라면 어린이를 향한 시선도 믿음직하다. 어른과 아이를 우열의 관계로 보거나 생의 진실된 속성을 알기엔 아직 준비가 덜 된 존재로 어린이를 대하지 않고 동등한 눈높이에서 함께 생각해보자고 손 내미는 태도가 좋다.

추상적인 개념을 시각적으로 인지할 수 있도록 표현해야 하기에 죽음을 다룬 그림책들은 흔히 높은 차원의 문학적 수사와 은유를 사용한다. 동시에 어린 독자들이 죽음을 배타적으로 여기거나 불안에 휩싸이지 않도록 이야기를 적절히 끌고 나간다. 때문에 대담하고 진지한 시각과 섬세한 서사 운용 능력, 균형 감각까지 갖춰야만 죽음을 다루는 그림책을 창작할 수 있다고, 그런 그림책을 만든 작가는 분명 신뢰해도 좋다고 나는 철석같이 믿고 있다.

엄마의 죽음이라는 거대한 상실을 치유해가는 과정을 담은 《무릎딱지》의 샤를로트 문드리크 Charlotte Moundlic 와 올리비에 탈레크 Olivier Tallec, 반려견의 죽음을 다룬 《혼자 가야 해》의 조원희, 지병을 앓던 소녀와 죽음이 친구가 되어가는 과정을 담은 《꼬마 죽음이 찾아왔어》 La Visite de Petite Mort 의 키티 크라우더 Kitty Crowther, 죽음이 다가온 조부모와 손녀의 이야기를 담은 《마레에게 일어난 일》의 티너 모르티어르 Tine Mortier 와 카쳐 퍼메이르 Kaatje Vermeire 등 내가 소중하게 아끼고 사랑하는 여러 그림책 작가들이 이런 믿음의 근거가 되어주었다.

그중에서도 독일 작가 볼프 에를브루흐는 최고의 증거다. 그만큼 대담하게 삶과 죽음의 관계를 고찰한 그림책 작가가 또 있을까. 《커다란 질문》 외에 또 다른 대표작 《내가 함께 있을게》를 처음 읽던 날, 쉬이 마지막 책장을 덮지 못하고 한참 동안 얼어붙었던 기억이 난다. 슬프고 서늘하지만 부인할 수 없는 세계가 그 안에 있었다. 어쩌면 이런 그림책이 있을까 싶어서 오랫동안 마음이 이곳저곳을 서성였다.

이야기는 오리 그리고 한마디 외침과 함께 시작된다. "대체 누구야? 왜 내 뒤를 슬그머니 따라다니는 거야?" 오리의 뒤에는 헐렁한 체크무늬 원피스를 입고 손에 튤립을 든 해골이 쑥스러운 표정으로 서 있다. 자신이 존재하고 있음을 드디어 알아차려준 오리에게 "나는 죽음이야"라고 스스로를 소개하면서.

주인공인 오리와 죽음이 주고받는 대화는 그 자체로 좋은 철학 텍스트이며, 배경을 대부분 여백으로 남긴 단순한 그림들도 굉장한 여운을 남긴다. 글과 그림 모두 더 뺄 것이 없을 정도로 핵심만 보여준다. 2009년 독일문화원이 진행한 인터뷰에서 볼프 에를브루흐는 《내가 함께 있을게》를 만드는 데 10년이 걸렸다고 고백했다. 처음에는 스스로도 읽다 지칠 정도로 긴 글을 썼고, 죽음이라는 테마를 간결하게 절제하며 이야기하기까지 시간이 그만큼 필요했다고.

볼프 에를브루흐는 지금껏 볼로냐 라가치 상, 국제 안데르센 상 등 많은 상을 거머쥐었고 가장 최근에는 스웨덴 정부가 2년에 한 번씩 그림책 발전에 공로를 세운 사람이나 기관에게 수여하는 아스트리드 린드그렌 상의 2017년 주인공이 되었다. 시상자였던 스웨덴 작가 보엘 웨스틴 Boel Westin은 볼프 에를브루흐를 이렇게 평했다. "그는 그림책의 영역을 확장

했습니다. 그림책의 예술적 측면은 물론 그림책이 어린이 독자에게 어떤 주제를 전달할 수 있는지의 측면 모두에서 새로운 관점을 제시했습니다. 그는 죽음과 같은 삶의 어려운 부분까지 말할 줄 아는 능력, 따뜻하지만 지나치게 감상적이지 않게 주제를 다루는 능력을 가진 작가입니다."

1948년에 태어나 그래픽 디자인을 공부하고 광고업계에서 오래 일했던 그는 1985년 그림책 세계에 발을 들였다. 그리고 1994년에 발표한《누가 내 머리에 똥 쌌어》로 세계적 명성을 얻었다. 지금까지 50여 권의 책에 그림을 그리고 10여 권의 책은 직접 글도 쓰고 그림도 그렸는데, 개인적으로 그가 글과 그림을 모두 맡은 책을 더 좋아한다. 그는 인터뷰에서 "출판된 아동 도서의 90퍼센트는 출판사가 돈을 벌기 위해 동어 반복한 불필요한 잉여분이다"라고 일갈할 정도로 잘 만든 좋은 책의 기준이 높다. 이런 사유의 깊이와 작가 정신을 지닌 사람이 지은 그림책이라니, 열렬히 지지하고 신뢰할 수밖에.

> **함께 읽으면 좋은 책**
>
> 《생각을 만드는 책》, 칼 필립 모리츠 글, 볼프 에를브루흐 그림, 아이들판
> 《아빠가 되고 싶어요》, 볼프 에를브루흐 글·그림, 사계절
> 《날아라, 꼬마 지빠귀야》, 볼프 에를브루흐 글·그림, 웅진주니어
> 《못생긴 다섯 친구》, 볼프 에를브루흐 글·그림, 웅진주니어
> 《내가 함께 있을게》, 볼프 에를브루흐 글·그림, 웅진주니어
> 《우리 모두 왕》, 하인츠 야니쉬 글, 볼프 에를브루흐 그림, 베틀북
> 《아빠와 함께 산책》, 볼프 에를브루흐 글·그림, 길벗어린이
> 《아무도 몰랐던 곰 이야기》, 오렌 라비 글, 볼프 에를브루흐 그림, 아이위즈

05

타인의 동정심에
자꾸 기댑니다

진정한 위로가 필요한 당신에게

to. 에디터C

안녕하세요. 저는 ㅇㅇㅇ입니다. ㅇㅇㅇ으로 소개한 이유는 저를 드러내기가 두렵기 때문입니다. 어릴 적부터 저는 비밀을 쉽게 말했습니다. 다른 사람의 비밀 말고 힘들고 어두웠던 제 과거 비밀을요. 그녀에게도 힘들고 어두웠던 저의 비밀을 털어놓았습니다. 하지만 그녀는 제가 비밀을 쉽게 털어놓는 걸 싫어했습니다. 그녀의 충고를 몇 번이나 들은 후에야 이 습관을 고쳤습니다. 아니, 고치려고 노력 중이라고 해야겠죠.

저는 제 입이 너무 싫습니다. 하지만 제 유일한 특기는 영어입니다. 제가 싫다고 하는 입은 영어를 말하는 입이 아니라 계속 쓸데없는 말을 하는 이 주둥이일 겁니다. 위로받고 싶다는 마음이 강해서 계속 남들에게 저의 비밀을 말하는 게 아닌가 생각해봤는데 그게 맞는 것 같더라고요.

위로받고 싶은 마음, 보호받고 싶은 마음. 이걸 내려놓을 수는 없을까요? 고통스럽습니다.

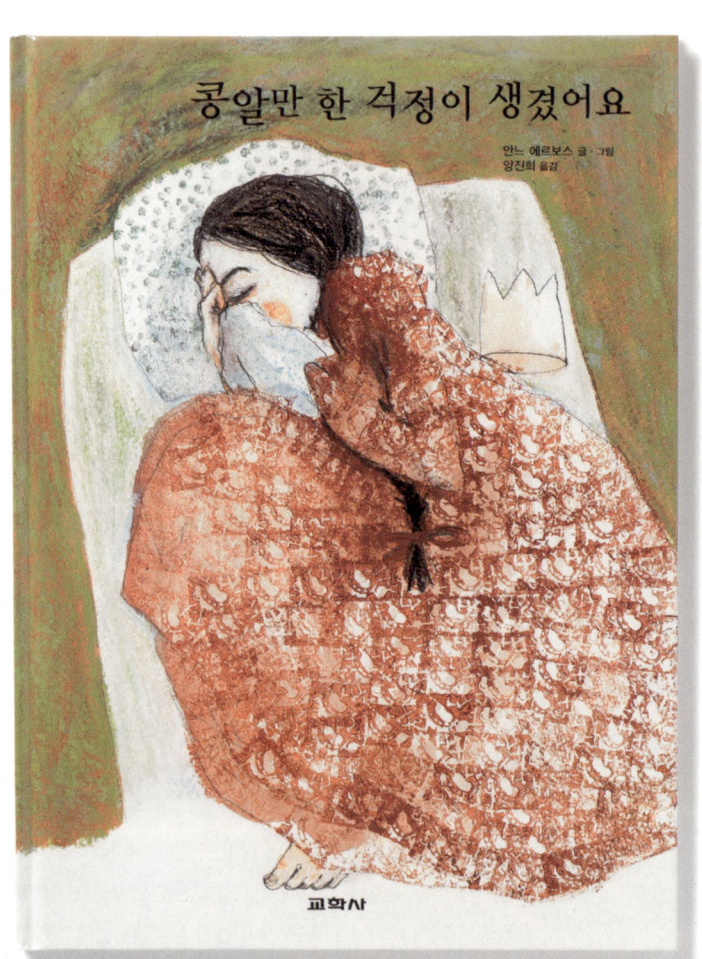

◆
콩알만 한 걱정이 생겼어요
안느 에르보스 글·그림
양진희 옮김
교학사

처음에 걱정은 분명히 콩알만 했습니다. 이리저리 굴리다 보면 걱정이 멀리 사라질 것 같았죠. 그런데 알아차릴 겨를도 없이 슬픔이 스며들었습니다. 발끝부터 슬픔에 잠기더니 이윽고 머리 꼭대기까지 꼬르륵, 슬픔 안에 잠기고 말았습니다. 이제 슬픔은 밖으로 흘러넘쳐 주변 세계까지 잠식하고 있습니다. 콩알만 한 걱정이 어쩌다가 나와 주변을 집어삼키는 커다란 슬픔으로 바뀐 걸까요. 이 슬픔을 멈출 방법은 없을까요?

벨기에 작가 안느 에르보스 Anne Herbauts 는 은유의 대가입니다. 예쁜 꾸밈으로서의 은유가 아니라 실체가 있는 단단한 존재에 추상적인 사유를 묶어두기 위해 은유적 표현을 사용합니다. 《콩알만 한 걱정이 생겼어요》에 작가가 숨겨놓은 은유를 가만히 들여다보고 생각하다 보면 나의 머릿속과 마음속에서 제멋대로 굴러다니며 나를 압도하는 감정을 뿜어내고 있었던 묵은 오해를 발견하게 됩니다.

◇◇◇◇

　어릴 적 어른들이 울지 말라고 하면 더 격하게 울음이 터졌던 순간을 기억합니다. 적당히 울고 그치면 마음을 옥죄는 슬픔과 비통함이 제대로 전달되지 않을 것 같아 더 크게 울었고 어깨를 더 많이 들썩거렸습니다. 슬픔이라는 감정은 거짓이 아니었습니다. 그저 알아줬으면 하는 마음, 지금 내가 슬퍼하고 있으니 적합한 조치를 취해달라고 말하고픈 무언의 표현이 더해져 액션이 조금 커진 것뿐이었죠. 그러다 보면 슬픔은 몽롱한 환각 물질처럼 점점 시야를 가리고 도취되게 만들었습니다. 슬픔에 압도당하고 나면 정말로 그 순간만큼은 이 세상에서 가장 기구한 사람처럼 느껴졌죠. 울지 말라는 말은 전혀 위로가 되지 않았습니다.

　이제 솔직히 고백합니다. 어릴 때만 이런 마음의 작용을 경험한 것은 아닙니다. 어른이 된 후에도 슬픔과 걱정, 스트레스에 압도되어 내가 이 세상에서 가장 불우하고 힘든 사람이라고 아래로 아래로 끌어내리는 감정에 속수무책으로 당했던 경험이 있습니다.

《콩알만 한 걱정이 생겼어요》의 주인공도 비슷한 상황입니다. 책 표지에 몸을 웅크리고 하염없이 울고 있는 작은 사람이 주인공이에요. 책에서는 '공주'라는 단어를 사용하고 있지만 성별이나 나이와 상관없이 공감대를 가질 수 있도록 '작은 사람'이라는 말로 바꿔 쓰겠습니다.

작은 사람은 불행했습니다. 콩알만 한 걱정이 생겨 슬펐습니다. 걱정이 굴러가 멀리 사라지길 바라면서 제자리에서 뱅글뱅글 돌았습니다. 이 생각 저 생각을 오가며 비틀거리다 결국 방향을 잃고 넘어졌습니다. 그리고 이렇게 속삭이면서 울기 시작했습니다.

"나는 이 세상에서 가장 슬픈 사람이야."

작은 사람의 가족과 지인들은 그녀의 눈물을 멈추기 위해 많은 선물을 주었습니다. 마술사, 요리사, 기사, 하인, 정원사, 떠돌이 이야기꾼 아저씨, 모자장수 등 온갖 사람들과 방법이 동원됐습니다. 하지만 여전히 작은 사람은 슬펐습니다. 어떤 노력에도 작은 사람의 슬픔은 잦아들지 않았고 눈물 역시 멈추지 않았습니다. 급기야 그녀의 눈물이 홍수가 되어 세상이 조금씩 잠겨갑니다. 호수와 들판, 논과 밭이 모두 잠겨버립니다. 세상을 눈물로 다 채워버리고도 작은 사람은 계속 울고 싶다고 느낍니다. 그러나 몸속에 있는 수분이 눈물로 다 빠져나가서 목이 너무나 말랐죠.

저 높은 왕궁에 사는 공주는 아직 더 울고 싶었지만 공주 몸에 있는 눈물들이 모두 말라 버렸어요.

너무너무 많이 울어서, 공주는 목이 무척 말랐어요.

그때 멀리서 농사를 짓던 아이가 작은 사람을 찾아옵니다. 먼 곳에서 배를 타고 노를 저어 오랫동안 걸어왔습니다. 아이는 반짝이는 뭔가를 소중하게 두 손에 감싸 조심스럽게 작은 사람에게 다가갔습니다. 그것은 물 한 잔이었습니다. 목이 마른 작은 사람에게 지금 꼭 필요한 것이었죠. 작은 사람은 반짝이는 물컵을 받아 살며시 웃으며 물을 마십니다. 그리고 책의 마지막에는 이런 문장이 등장합니다.

세상에서 가장 슬펐던 공주로 모두에게 기억되고 싶었어요.

자신이 슬퍼하고 있다는 사실을 세상 사람들이 알아주기를 바라는 마음이 그녀 안에 있었던 겁니다.

어릴 때부터 힘들고 어두웠던 과거 이야기를 남에게 쉽게 꺼내 놓았고, 비밀을 말함으로써 위로를 얻고자 하는 자신이 싫다는 사연을 읽고 이런 질문이 생겼습니다. 여러 사람에게 곧잘 말해온 과거 이야기를 비밀이라고 할 수 있을까? 비밀은 남에게 드러내거나 알리지 말아야 할 일을 의미합니다. 힘들고 어두웠던 시절이라고 해서 꼭 비밀로 해야 한다는 법은 없습니다. 그저 자신이 경험했던 여러 일들 중 일부이고 그걸 남들에게 들려줬다고 여길 수도 있습니다. 어렵지 않게 자신을 드러내고 경험담을 나누는 모습에 '나는 위로가 그리워서 비밀을 파는 사람'이라고 쾅쾅 판결을 내려버린 이유가 무엇인지 궁금했습니다. 사연 속 그녀라는 분의 영향인 것 같다고 추측해볼 뿐입니다.

우리는 자주 '나는 이런 사람'이라는 생각에 걸려 비틀거립니다. 《콩알만 한 걱정이 생겼어요》에서 작은 사람이 눈물을 흘리기 전에 한 행동은 꽤 의미심장합니다. 머릿속에 있던 콩알 같은 근심을 이리 굴리고 저리 굴리다가 "나는 이 세상에서 가장 슬픈 사람이야"라고 결론 내리는 장면이죠. 이때 작가 안느 에르보스는 이런 문장을 씁니다.

> Elle trébulochocrapoutait sur ses idées.
> 그녀는 자기의 생각에 걸려 넘어졌다.

위 문장의 중간에 있는 긴 단어는 세상에 존재하지 않는 말로 trébucher(비틀거리다), locher(흔들어 떨어뜨리다), crapahuter(험난한 지형을 행군하다)라는 단어를 조합해 작가가 만들어낸 말입니다. 자신의 생각에 걸려 이리저리 비틀거리고 흔들리면서 헤매는 모습을 떠올리게 하는 표현이죠.

우리는 많은 오해를 하며 살아갑니다. 꼭 타인과 세상을 향한 것만은 아닙니다. 작은 걱정과 근심에서 시작해 생각을 펼치다가 돌연 자신을 향해 '나는 이런 사람'이라고 쉽게 결론을 내려버리기도 합니다. 때로 그 근거는 어처구니없을 정도로 허약하죠. 누군가에게 들은 "너는 이런 사람이야"라는 평가를 긍정과 부정의 근거도 따져보지 않고 의심 없이 받아들이는 경우도 많습니다. 그런 틀로 자신을 관찰하다가 조금만 비슷한 상황이 펼쳐지면 '또! 또! 이러는 거 봐. 내가 이렇다니까' 하면서 원래 가지고 있던 오해를 더 강화하는 길로 빠지기도 합니다.

앞서 울지 말라는 이야기를 들으면 더 서러워지는 슬픔의 속성에 대해 이야기했습니다. 슬픔이 점점 시야를 가릴 때, 슬픔에 취할 때, 급기야 슬픔에 압도당해 자신이 세상에서 가장 기구한 사람처럼 여겨질 때 환각을 걷어내고 시야를 밝히는 마법의 언어가 있습니다. 바로 공감하는 언어입니다.

《콩알만 한 걱정이 생겼어요》에서 세상 모든 사람들이 그녀의 눈물을 멈추기 위해 노력합니다. 작은 사람은 울고 싶은데 모두가 눈물을 그치라며 아우성입니다. 진정한 의미의 위로가 아니었죠. 이야기 마지막에 등장한 농사짓는 아이만 그녀의 마음을 읽어줍니다. 그만 울라는 말 대신 그녀가 느낄 갈증에 공감하고 물 한 잔을 건넵니다. 작은 사람이 처음으로 웃는 장면이기도 하죠.

'위로받고 싶은 마음, 보호받고 싶은 마음. 이걸 내려놓을 수는 없을까요? 고통스럽습니다.'

사연 마지막 문장이 계속 안타깝게 맴돕니다. 너무 많은 사람들에게 비밀 이야기를 털어놨다고 죄책감을 느낄 정도로 자기 이야기를 했지만 정작 본인에게 꼭 필요하고 적절한 위로를 받아본 적은 없는 것 같다는 생각이 들었거든요. 얄팍한 동정심에 기대어 사랑받고자 하는 태도는 권장할 만하지 않지만 그렇다고 해서 위로받고 싶은 마음 자체를 없애버려야 할 불결한 뭔가로 여길 필요도 없다고 생각합니다.

'넌 이미 너무 많이 울었으니(너무 많이 떠들었으니) 이제 그만 좀 해.'

이런 날카로운 생각으로 스스로를 외롭게 만들지 마세요. 당신에게 꼭 필요하고 적절한 물 한 잔을 받아본 적이 없어서 그런지도 모르니까요. 만약 그렇다면 이제는 목마름의 정체를 파악해야 할 때입니다. 마구잡이식 위로나 동정 말고 내게 진짜 필요했던 물 한 잔은 무엇이었을까 질문해보기를 바라며.

선물은 바로 물 한 잔이에요.
세상에서 가장 아름다운 선물이지요.
공주는
물을 받아들고 입술로 가져가네요.

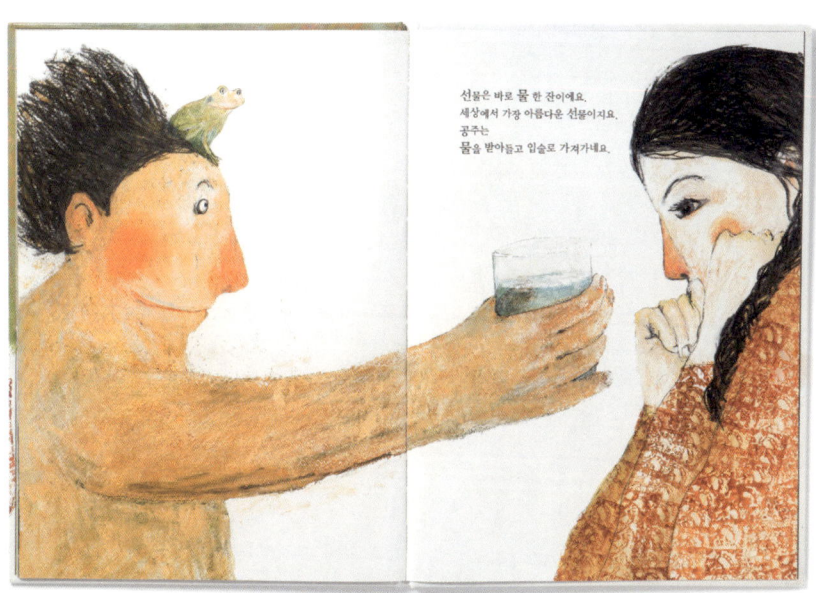

06
혼혈로
태어났어요

다르기에 더 소중한 나 그리고 너

to. 에디터C

저는 미국계 아버지와 한국계 어머니 사이에서 혼혈로 태어났습니다. 쭉 한국에서만 살아서 아버지 고향에는 한 번도 가본 적이 없습니다. 저는 제가 한국인이라고 생각하지만 다른 사람들 눈에는 한국인도 아니고 미국인도 아닌 듯합니다. "너희 나라로 꺼져버려!", "내가 대통령이 되면 널 추방시킬 거야. 넌 왜 너희 나라로 안 가냐!" 이런 말을 하는 사람들이 많았거든요. 그래서 정체성에 혼란을 느낍니다. 무시당하지 않기 위해 밝은 척하고, 제 기분보다는 남의 기분을 더 생각하고 배려하면서 괜찮은 척하지만 어디서부터 풀어가야 할지 모르겠어요. 제가 잘못 태어난 걸까요? 사는 게 점점 힘이 들어요.

◆
너, 나
다니카와 슌타로 글
초 신타 그림
엄혜숙 옮김
한림출판사

네덜란드 화가 렘브란트는 전 생애에 걸쳐 자화상 60여 점을 남겼습니다. 화가로서 크게 성공한 젊은 시절의 빛나는 표정뿐 아니라 빚쟁이에게 쫓기며 살았던 노년기의 회한까지 적나라하게 자화상에 담아냈습니다. 그는 거지, 동양의 왕, 갑부, 신화 속 주인공 등 다양한 역할로 분장하고 자화상을 그리기도 했습니다. 배우처럼 여러 인물 안에 자신을 넣어보고 각자의 입장이 되었을 때 자신의 표정이 어떻게 달라지는지 관찰했어요. '나'라는 존재는 단 하나의 단어로 설명될 수 없는, 상황과 역할과 관계의 복합적인 산물이기 때문입니다. 이런 렘브란트의 자화상에 담긴 통찰과 놀랍도록 닮은 그림책이 있습니다. 바로 다니카와 슌타로 谷川俊太郎의 《너》와 《나》입니다.

◇◇◇◇

주입된 관념은 힘이 세고 끈질깁니다. 국경이라는 개념이 흐려지고 세계 여러 나라의 문화를 접할 기회가 많아진 요즘, 이제는 사라졌다고 믿었던 단일민족 신화의 잔재가 막 20대가 된 세대에게까지 영향을 끼치고 있다니 무척 섬뜩했습니다. 반만년 동안 혈연적 동질성을 갖고 단일민족을 이루고 살았다는, 사실인지 알 길 없는 신화를 대단한 자긍심인 양 공교육 시스템을 통해 교육하고, 그것이 입에서 입을 거쳐 일상에까지 확대, 강화되는 풍경이라니 얼마나 구시대적인 모습인가요.

사연을 보낸 분께 막말을 했다는 이들을 향해 똑같이 막말과 욕을 하며 책의 한 페이지를 채울 수도 있지만 일단은 자제하겠습니다. 대신에 '정체성의 혼란'이라는 고민에 집중해서 이야기를 풀어보려고 합니다.

우리는 자신의 정체성을 타인과의 관계 안에서 빚어가기 때문에 '타인이 나를 어떻게 생각하는가?'를 중요하게 받아들일 수밖에 없습니다. 알랭 드 보통 Alain de Botton은 《왜 나는 너를 사랑하는가》에서 자아를 아메바에 비유했습니다.

> 자아는 아메바에 비유할 수 있다. 아메바의 외벽은 탄력이 있어서 환경에 적응한다. 그렇다고 아메바에게 크기가 없다는 말은 아니다. 단지 자기 규정적인 형태가 없을 뿐이다. 부조리한 사람은 나에게서 나의 부조리한 측면을 끌어낼 것이다. 그러나 진지한 사람은 나의 진지한 측면을 끌어낼 것이다. 누가 내가 수줍어한다고 생각하면, 나는 아마 결국 수줍어하게 될 것이다. 누가 나를 재미있다고 생각한다면, 나는 계속 농담을 할 가능성이 높다.
>
> _《왜 나는 너를 사랑하는가》, 알랭 드 보통, 청미래

다른 사람의 시선은 신경 쓰지 않겠다고 결심해놓고 쉽게 실천하지 못하는 이유가 여기 있습니다. 자꾸만 타인의 말에 흔들리는 자신을 보며 왜 이렇게 '쿨'하지 못하냐고 자책할 수 있지만 제 생각에 그건 인간의 본성이자 어쩔 수 없는 한계입니다. 우린 모두 타인이라는 거울에 비추어 자신을 확인하면서 살아가는 아메바들이니까요. 그렇다면 문제를 어떻게 해결할 수 있을까요. 타인이 나를 규정하는 말들에 신경을 아예 끌 수도 없다면 무엇이 현명한 해결책이 될 수 있을까요. 저는 그 힌트를《너》와《나》에서 발견했습니다.

먼저《너》를 소개합니다.

오래전에 나는
엄마 배 속에 있었어.
하지만 지금 나는 나
엄마는 엄마
너라고 부르지 않아도
엄마도 너의 하나

엄마 역시 자신이 아닌 타자 중 한 명이라는, 그림책에서 만나기 어려운 용감하고 진실한 선언으로 포문을 연 이 작품은 본격적으로 '너'의 의미를 고찰합니다.

아빠도, 동생도, 오빠도, 돌아가신 할머니도, 친구 미나도 너의 일부이며 내가 하나밖에 없는 것처럼 너도 하나밖에 없다는 걸 깨달은 화자에게 첫 시련이 찾아옵니다. 새로 이사 와서 '저 애'라고 불렀던 진이가 친구 미나와 귓속말하는 걸 본 것입니다. 샘이 납니다. 뒤이어 이런 문장이 등장합니다.

그런데 어느새 진이는
'저 애'가 아니라 너가 되었어.

그리고 세 소녀가 함께 만화책을 나눠 보는 장면이 그려집니다. 짧은 한 줄의 글과 한 장의 그림이지만 저는 이 안에 굉장한 철학적 사유가 담겨 있다고 느꼈습니다. 제3자('저 애')와 구별되는 '너'의 특징을 일러주고 있기 때문입니다. 나와 관계를 맺지 않을 땐 남이었던 진이가 나와 친해지면서 '너'의 일부가 됩니다. 남과 '너'를 가르는 건 바로 관계라고 말하고 있는 것입니다. 나와 관계있는 타자만이 '너'라는 의미를 획득한다는 걸 가르쳐줍니다.

이런 관계성으로 세상을 바라보면 《너》가 그려내고 있는 것처럼 사람만이 '너'가 아니라 나무도, 풀도, 동물도, 물고기도 모두 '너'가 될 수 있습니다. 그리고 이런 '너'들은 나의 정체성을 만들어갑니다. 앞서 알랭 드 보통이 비유한 아메바처럼 말입니다. 다니카와 슌타로는 이렇게 말합니다.

> 나는 혼자서 살아갈 수 없어.
> 많은 '너'와 만나 나는 내가 되니까.
> 하지만 나에게 소중한 너는 몇이나 될까?

나에게 영향을 주는 수많은 '너'가 존재하지만 그중에 '나에게 소중한 너는 몇이나 될까'라는 질문을 저는 이렇게 바꿔보고 싶습니다. 당신은 막말을 한 그 사람을 어느 카테고리에 넣어두고 있나요? 남인가요, '너'인가요? 만약 '너'라면 '소중한 너'에 포함시킬 수 있는 존재인가요?

누군가 나를 흔드는 말을 한다면 말의 의미에 함몰되기 전에 그

그런데 어느새 진이는
'저 애'가 아니라 너가 되었어.

함께 좋아하는 만화를 보는
나와 너와 너

나는 혼자서
살아갈 수 없어.
많은 '너'와 만나
나는 내가 되니까.

하지만 나에게
소중한 너는
몇이나 될까?

사람이 내게 어떤 의미를 갖는지 먼저 생각해볼 필요가 있습니다. 그가 한 말에 얼마만큼의 중요도를 부여할지 스스로 결정할 수 있기 때문입니다. 같은 말이라고 해도 단짝 친구가 한 말과 적당히 알고 지내는 지인이 한 말은 결코 같은 무게를 갖지 않습니다. 당연한 사실인데도 우리는 종종 이 점을 잊습니다. 타자와의 관계 안에서 나라는 사람의 꼴을 빚어가지만 모든 타자에게 동일한 중요도를 부여할 필요는 없다는 점, 누군가의 말이 내게 갖는 의미와 무게를 결정하는 건 바로 나 자신이라는 통찰을 《너》에서 만날 수 있습니다.

정체성에 대한 생각을 조금 더 펼치기 위해 이제 같은 작가의 다른 책 《나》로 넘어가겠습니다. 첫 장을 펼치면 왼쪽 페이지에는 '나'라는 단어 하나와 소녀의 그림이, 오른쪽 페이지에는 '남자아이가 보면 여자아이'라는 글과 소년의 그림이 보입니다. 책의 구성은 이후로도 동일합니다. 왼쪽 페이지에는 늘 하얀 배경에 똑같은 얼굴을 한 소녀가 서 있고 오른쪽 페이지의 등장인물은 계속해서 바뀝니다.

아기가 보면 누나
오빠가 보면 여동생
엄마가 보면 딸 유리
할머니가 보면 손녀 유리
삼촌이 보면 조카 유리

이렇게 소녀의 정체성을 규정짓는 '너'들이 연이어 등장하며 그들의 시선으로 봤을 때 '나'가 무엇이라 불리는지 설명합니다. 그리고 그 범위는 이제 가족을 넘어 타인으로 넓혀집니다. 친구 미나에게는 '친구'로, 선생님에겐 '학생'으로, 기린에겐 '꼬마'로, 개미에겐 '거인'으로, 서양인에겐 '동양인'으로, 우주인에겐 '지구인'으로, 장난감 가게 주인에겐 '손님'으로, 의사 선생님에겐 '환자'로 불리는 수많은 나를 보여줍니다.

좋은 책이 그렇듯 《나》 역시 여러 갈래로 해석할 수 있습니다. 변함없이 꼿꼿하게 왼쪽 페이지에 서 있는 소녀를 보면서 '누가 뭐라고 불러도 나는 나다'라는 메시지를 읽어낼 수도 있습니다. 가족에서 시작해 범위를 점점 넓혀가는 구성 역시 어디까지가 '소중한 너'이고 어디서부터 '너' 또는 '남'일지 생각하게 만드는 의미심장한 구성입니다.

제가 이 책을 권하고 싶었던 결정적 이유는 우리가 이렇게나 많은 수식어로 불릴 수 있는 사람들이란 이야기를 하고 싶어서였습니다. 그 누구도 호칭 몇 개, 단어 몇 개로 설명될 수 있을 만큼 쉽고 단순하지 않습니다. '혼혈아'라는 말은 자신을 설명하는 수많은 단어 중 하나일 뿐이에요. 절대로 그게 전부라고 생각하지 마세요. 더 넓은 세상이 있고 더 다양한 시각이 있습니다. 몇몇 사람이 내뱉은 단어 몇 개로 자신을 한정하지 않았으면 좋겠습니다.

어떤 이들 눈에는 혼혈이 탐탁지 않아 보일지 모르지만 수많은 인종이 피를 나누고 가정을 이뤄서 살고 있는 서양 여러 국가에서 혼혈은 지극히 당연한 현상입니다. 1980년대 초 프랑스에서 누가 정통 프랑스인인가를 조사했습니다. 여기서 말하는 정통 프랑스인이란 부모와 조부모, 자녀까지 3대가 모두 프랑스인인 경우를 의미했죠. 결과는 정통 프랑스인으로 이뤄진 가정이 불과 20퍼센트도 되지 않는 것으로 나왔습니다. 세상 어느 곳에서는 혼혈인을 '당연한 이웃', '다양성의 축복'으로 보기도 합니다.

더 쉽게 말해볼까요. 동서양의 이목구비가 섞인 여성이 만약 파리의 카페에 혼자 앉아 있으면 단언컨대 어디선가 다가와 은근한 관심을 표현하는 파리지엥이 나타날 거예요(물론 그걸 고마워하며 받아주라는 의미는 절대 아닙니다). 이 땅 위 누군가에게는 혼혈인이 그처럼 매력적으로 보인다는 이야기입니다.

더 넓은 세상으로 나가서 여러 상황에 '나'를 던져보고 다양한 '너'들을 만나보세요. 그렇게 나를 설명하는 단어 주머니 안에 있는 어휘 개수를 늘려보세요. 나를 설명하는 어휘가 많아질수록 한 개의 수식어에 부여하는 중요도와 의미는 n분의 1로 줄어듭니다. 어느 순간 자연스럽게 '뭐, 이 세상 어떤 사람들에겐 내가 그렇게 보이기도 하겠지' 하고 툭툭 털어낼 수 있을 거예요.

07
꿈이 없어요

가만히 나를 들여다보는 법

to. 에디터C

취업준비생입니다. 대학 동기들은 이미 3년 차 직장인입니다. 저는 취업준비생이라는 신분보다 꿈이 없다는 사실이 더 힘들게 느껴집니다. 최근에 직장인 친구들과 여행을 했습니다. 다시 한번 느꼈죠. 제가 무엇을 하고 싶은지 모르겠습니다. 친구들은 저마다 꿈을 갖고 첫발을 내디뎠지만 제게는 출발점 자체가 없다고 느껴집니다.

요즘 저는 자주 짜증 난다고 말하고 거친 언어들을 사용합니다. 조금만 못마땅해도 바로 표정이 바뀌고 짜증을 냅니다. 이번 여행에서도 친구들에게 "넌 몸속에 짜증이 가득해"라는 말을 들었죠. 겉으로 표현하지 않고 속으로 화를 삼키려고 노력했지만 표정으로 드러나서 친구들은 오히려 말을 하라고 합니다. 어차피 다 보인다면서요.

작년까지만 해도 새로운 도전도 많이 하고 사람들과 자주 만나고 잘 웃었습니다. 요즘은 정반대입니다. 사람 만나는 것이 두렵고 새로운 상황이나 환경에 놓이면 거부감이 먼저 듭니다. '내가 한다고 무슨 좋은 결과가 나오겠어' 하는 생각도 듭니다. 점점 나쁘게 변해가는 것 같아요. 이러면 안 되는데 생각하면서도 행동으로 옮기지 못하는 제가 참 바보 같습니다.

◆
복잡하지 않아요
사뮈엘 뤼베롱 글·그림
박정연 옮김
나무생각

입이 머리와 심장을 시원스럽게 번역해내지 못할 때 종종 이렇게 생각합니다. '아, 내 속에 뭐가 들었는지 나조차도 모르겠다. 활짝 열어 꺼내봤으면.' 만약 생각과 마음에 문이 달려 있다면 그 안에서 벌어지고 있는 내밀한 작용을 속속들이 이해할 수 있을 겁니다. 그럴 수만 있다면 모두가 찾아야 한다고 아우성치는 '진짜 나, 꿈, 자아' 같은 판독 불가의 과제 앞에서 한숨 쉬는 일도 잦아들겠죠.
《복잡하지 않아요》는 이런 상상을 아름답고 포근한 그림으로 보여줍니다. 거대한 미로이자 난해한 암호라고 생각했던, 들여다보는 방법을 몰랐던 나의 내면에 있는 아름다운 정경을 펼쳐 보여줍니다.

◇◇◇◇

얼마 전 친구와 만나 일과 자아실현을 주제로 이야기를 나눴습니다. 저는 하루에 4시간만 일하고도 생계를 유지할 수 있다면 하기 싫은 일도 할 수 있지만 인생의 대부분을 일하며 보내는 사회에 태어난 이상 돈 벌기 위해서라는 한 가지 이유로 일을 선택하면 안 된다고 주장했습니다. 일이 삶에서 차지하는 비중이 너무나 큰 환경에 살고 있으니 가급적 자기 본성에 맞는 일을 해야 삶의 행복도가 높아지지 않겠냐고 하면서요. 그러자 친구는 이렇게 말했습니다.

"너처럼 본성에 맞는 일을 찾은 사람은 정말 운이 좋은 게 아닐까. 자기 일에서 보람과 의미를 찾을 수 있는 사람이 얼마나 되겠어. 직종에 따라 많이 다를 거야. 공장에서 단순 노동을 하거나 남들이 꺼리는 직종에서 일하는 사람들 입장에서는 돈벌이 말고 다른 의미를 찾기 힘들지 않을까."

친구의 말을 듣고 평소에 꽤 자주 들었던 어떤 문장 하나가 떠올랐습니다. 회사 동료들과의 티타임, 동기들의 술 모임, 장을 보러 찾은 시장, 오랜만에 만난 친척 어르신들의 식사 자리 등 어디에서나 불쑥 들려오던 문장.

"먹고살려면 참아야지."

경제 규모 세계 11위에 1인당 GDP가 3만 달러에 육박하는데도 여전히 하루 벌어서 하루 먹고살았던 산업화 시대를 살기라도 하듯 우리는 서로에게 '먹고사니즘'을 가르칩니다. 꿈, 성취감, 성장, 돌봄, 윤리 의식, 공동체 의식 등 행복을 구성하는 의미 있는 가치들은 먹고사니즘 앞에만 가면 그 빛을 잃고 하찮아집니다. 먹고사니즘은 상상하고 도모하는 입을 닫치게 만들고 사유의 시동을 꺼버립니다. 그래서 모든 사안을 먹고사니즘으로 해석하는 태도는 삶을 그저 잔혹한 서바이벌 게임으로 바라보게 만듭니다.

먹고살 걱정이 해결돼야 다른 생각을 할 수 있다는 논리를 가만히 들여다보면, 이익을 늘릴 수 있다면 다른 건 무시해도 좋다는 목소리가 속삭이는 듯합니다. 구의역 사고와 세월호 사건을 만들어낸 잔혹한 시스템의 목소리 말입니다. 저는 단순 노동자는 분명 돈 때문에 일할 것이고 다른 의미는 느끼지 못할 것이란 판단도 바로 이 먹고사니즘이 만들어낸 오해라고 생각합니다. 경제활동을 하고 있다는 뿌듯함, 사회 구성원으로 기능한다는 존재감, 가족 부양의 재원을 마련한다는 사명감, 반복 노동과 그로 인해 예측할 수 있는 일상 안에서 느껴지는 심리적 편안함 등 다양한 감정을 없는 셈 치고 다 돈 때문이라고 우악스럽게 요약해버리니까요.

솔직히 말씀드리면 저는 꿈이라는 말을 그리 좋아하지 않습니다. "당신은 꿈이 뭐예요?" 이런 질문도 별로 좋아하지 않고요. 한 사람이 자신에게 주어진 시간과 재능과 환경을 생의 전반에 걸쳐 차곡차곡 유·무형의 가치로 바꿔서 궁극적으로 도달하고자 하는 목적지를 너무 단순하게 뭉뚱그리는 질문이라고 생각합니다. 만약 누군가 제게 꿈이 뭐냐고 묻는다면 마음속에 있는 그 구구절절한 것들을 어떻게 정리해서 말하나 싶어서 버벅댈 것 같아요.

근래에 꿈이라는 말은 홈쇼핑 채널의 매진 임박 알림처럼 불안을 조장해서 뭔가를 파는 데 사용되기도 합니다. 꿈이 있으면 다 할 수 있다고, 꿈부터 꿔보라고 하는 말이 역으로 선동이나 강압이 되는 경우를 자주 보았기에 누군가 "꿈이 없어서 고민"이라고 말하는 걸 들을 때마다 심경이 복잡해집니다. 사고를 당하지 않고, 경쟁에서 밀려나지 않고, 안정적으로 경제활동을 하는 일 자체가 이미 곡예에 가까울 정도로 어려워진 미친 자본주의 시대에 스티브 잡스 같은 사람을 들먹이면서 꿈까지 찾으라고 하는 건 너무 가혹하다는 생각도 들고요. 다른 한편으로는 그런 시대이기 때문에 꿈이라는 말이 상징하는 일의 의미, 목적, 세상을 마주하는 자세와 태도 등에 대한 질문과 생각을 놓아버리는 건 더욱더 위험하다고 생각합니다.

그래서 이 글에서는 꿈이라는 단어를 조금 바꿔보려고 합니다. '내 본성이 가치 있다고 의미 부여할 수 있는 행위' 정도로 풀어보면 어떨까요. 이렇게 표현을 바꿔보면 생각을 예민하게 다듬기 좋습니다. 그 행위가 뭔지 찾으려면 스스로에게 질문을 던질 수밖에 없거든요. 자신의 본성을 모르면 어떤 행위에 의미 부여를 하는지도 모르고 어떤 일을 가치 있다고 여기는지도 알기 힘듭니다. 따라서 가장 선행되어야 하는 작업은 자신의 마음속 깊은 곳을 들여다보는 일입니다.

꿈이 없어 고민이라는 말을 세분화해 설명하면 '내가 무슨 일을 하고 싶은지 모르겠다'는 뜻입니다. 이는 자기 느낌을 포착하는 레이더망이 무뎌졌다는 신호입니다. 어떤 일을 할 때 즐거운지, 재미를 느끼는지, 집중이 잘 되는지, 싫은지, 도망가고 싶은지 등 자신 안에서 피어나는 느낌을 포착하면 자연스럽게 '아, 나는 이 일이 하고 싶었구나' 또는 '하기 싫었구나' 하고 알 수 있거든요. 물론 직접 해보기 전에는 그 일을 좋아하는 줄 알았는데 막상 해보면 정반대의 느낌이 드는 경우도 있습니다. 우리는 스스로에 대한 오해를 꽤 많이 하며 살아가니까요.

자기 느낌 포착은 훈련을 통해서 발전시킬 수 있습니다. 스스로에게 질문하고 대답하기를 반복하면 됩니다. 사소한 일 또는 시험 준비나 학원 수업 같은 취업과 관련된 행동을 할 때 스스로에게 물어보세요. '지금 기분이 어때? 하고 싶어? 집중이 잘 돼?' 마음이 어떤 대답을 내놓으면 그 뒤에 '왜 그럴까?'를 덧붙여보세요. '왜 집중이 안 되는데?', '왜 기분이 좋았지?', '신경을 거슬리게 한 사람이 누구지? 그 사람의 무슨 행동이 내 신경을 자극했지?'

사실 이 '셀프 질문 대답법'이 제가 아는 유일한 해결책입니다. 저는 질문하기와 대답하기를 반복하면서 일기를 아주 오랫동안 써 왔고, 그 덕분에 사회가 주입한 쭉정이 관념들을 골라낼 수 있었습니다. 질문하고 답하는 일기 쓰기를 통해 스스로에 대한 여러 오해를 풀었고 자기감정에 대한 이해의 폭을 넓혀갈 수 있었습니다. 그림책 《복잡하지 않아요》는 바로 제가 일기를 쓰면서 밟아간 과정, 그러니까 자기 이해의 과정을 단순하면서도 시적으로 표현하고 있어 종종 펼쳐보면서 감탄하곤 하는 작품입니다.

《복잡하지 않아요》의 주인공 소년은 루이즈라는 이웃집 소녀와 친구입니다. 소년과 소녀는 많은 말을 나누지는 않지만 서로 눈빛을 주고받으며 그림 그리기를 좋아했습니다. 크레용으로 길바닥에 나무들을 그리면서 즐거운 시간을 보냈죠. 어느 날 루이즈가 소년에게 묻습니다. "네 머릿속에는 무엇이 들어 있어?" 소년은 멋진 질문이라고 생각했지만 뭐라고 대답해야 할지 몰랐습니다. 집에 돌아온 소년은 거울을 보면서 '정말 내 머릿속에 무엇이 들어 있는지 궁금하다'고 생각합니다. 그러고는 이렇게 말합니다.

복잡하지는 않아요. 잘 열면 보이니까요.

소년은 자기 머릿속에 뭐가 있는지 보기 위해 머리를 열어보기로 했습니다. 뚜껑을 열듯 머리를 열어보니 그 안엔 숲이 있었습니다. 고요한 숲, 비밀스러운 숲, 수줍어하는 숲, 어두운 숲, 따뜻한 숲, 신비로운 숲…. 한 장 한 장 책장을 넘길 때마다 고유한 빛깔과 무드를 지닌 다양한 숲이 등장합니다. 그 가운데 루이즈와 함께 동네 길바닥에 크레용으로 그렸던 나무 숲도 섞여 있습니다.

저는 《복잡하지 않아요》의 숲 장면들이 정말이지 좋습니다. 잘 그려진 그림을 보며 느끼는 감탄과 쾌감 때문이기도 하지만 결정적으로 그림 안에 녹아 있는 다면성을 긍정하는 시선에 위로를 받습니다. 본성이라고 하면 왠지 똑떨어지게 한마디로 정리해 말해야 할 것 같지만 사실 우리 안에는 어두움, 밝음, 수줍음, 활발함, 냉소, 따뜻함 같은 모순적인 면모가 동시에 존재합니다. 100퍼센트 악하기만 한 사람도 없고 100퍼센트 선하기만 한 사람도 없어요. 100퍼센트 활기찬 사람도 없고 100퍼센트 무기력한 사람도 없습니다. 안으로 들어가면 들어갈수록 새로운 풍경이 펼쳐지는 깊은 숲처럼, 나라는 사람의 내면도 발견되기를 기다리는 원시림 같은 게 아닐까 생각하게 만듭니다. 소년에게만 있는 것이 아니라 내게도 분명 있을 내면의 숲으로 들어가 굽이굽이 살펴보고 싶다는 열망을 심어줍니다.

소년은 자신이 발견한 모든 숲들에 대해 루이즈에게 말해줘야겠다고 생각합니다. 하지만 희망은 좌절되었습니다. 루이즈가 이사를 가버렸거든요. 소년은 크레용을 가지고 혼자 동네 길로 나옵니다. 하필이면 비까지 내려서 루이즈와 함께 길바닥에 그렸던 나무와 숲

도 모두 지워지고 맙니다. 하지만 이상하게도 눈물이 나지는 않습니다. 소년은 스스로에게 질문합니다. '내게는 마음이 없는 걸까?' 소년은 마음속을 들여다보고 싶었습니다. 다시 한번 이렇게 말합니다.

> 복잡하지는 않아요. 잘 열기만 하면 보이니까요.

소년이 마음을 열어서 무엇을 발견했는지는 비밀로 남겨두려고 합니다. 중요한 것은 머리와 마음을 열어서 자기 이해의 폭을 넓히는 일은 누구나 할 수 있다는 메시지니까요. 책에 반복해서 등장하는 문장처럼 알고 보면 복잡하지 않습니다. 잘 열기만 하면 보입니다.

단 하나의 정답 찾기에 몰두하는 한국식 정규 교육 과정을 이수한 사람들 대부분은 정답이라는 게 존재하지 않는 감정, 느낌, 취향, 욕망, 나아가 '나'라는 단어 앞에서 막막함을 느낍니다. 그렇기에 취업 준비 기간을 바라보는 관점을 조금 바꿔볼 필요가 있습니다. 가만히 생각해보면 대학 졸업 후 갖는 시간은 우리가 처음으로 정규 교육 과정에서 빠져나와 홀로 맞게 되는 순간입니다. 처음으로 자기 자신과 마주 서는 순간이죠. 그것도 아주 절실하고 격렬하게요. 그러므로 생각하기에 따라 진짜 내가 어떤 사람인지 탐험해보는 시간으로 볼 수도 있습니다. 남들이 짜준 수업 시간표대로 살아오다가 처음으로 자기 이해의 폭을 넓힐 수 있는 시간을 얻은 셈이죠.

'나는 지금 어느 회사든 들어가려고 아등바등하고 있어'라고 생각하면 무릎의 힘이 탁 풀리고 서글퍼지지만 '나는 지금 자기 탐험 중이야. 막막하고 서툰 게 너무 당연해. 내게 시간을 주면 나도 내가 뭘 하고 싶은지 알게 될 거야'라고 생각하면 힘들어도 무릎을 꿇게 되진 않습니다. 당락에 대한 의미 부여도 달라질 수 있습니다. 취업 준비 기간을 그저 입사를 위한 기계적인 나날들로 바라본다면 회사에 지원했다가 탈락하는 게 쓰디쓴 패배처럼 느껴지지만 자기 탐험의 일환으로 본다면 탈락한 경험에서도 자기 이해의 폭을 넓힐 수 있습니다. 물론 어느 정도의 심리적 타격은 입겠지만 마음을 닫고 가시 돋친 말을 쏟아낼 만큼 심각한 좌절에 빠지진 않을 겁니다.

내 마음속을
들여다보고 싶었어요.

복잡하지는 않아요.
잘 열기만 하면 보이니까요.

08

자꾸만 남과
비교합니다

질투하고 못난 마음에게

to. 에디터C

저는 프리랜서로 일하고 있는 일러스트레이터입니다. 말이 좋아 프리랜서지, 일이 있는 날보다 없는 날이 더 많습니다. 그래도 좋아하는 일을 직업으로 삼고 빠듯하게나마 밥벌이를 하고 있다는 데서 위안을 느끼려고 노력합니다. 하지만 같은 업계에서 일하는 재능 많은 친구를 보면 한없는 좌절감을 느낍니다. 왜 나는 저런 생각을 못 했을까? 저런 세련된 감각이 왜 내게는 없을까? 재능이 부족하면 성실하기라도 해야 하는데 왜 난 이렇게 나태할까? 내면에서 자책하는 목소리가 자동 재생되곤 합니다. 그런 날엔 '이렇게 해서 앞으로 좋은 기회를 잡을 수 있을까. 계속 먹고살 수 있을까' 하는 불안으로 이어져 다잡았던 마음이 허물어집니다.

숀 탠 글 그림 | 김경연 옮김

빨간 나무

◆
빨간 나무
숀 탠 글·그림
김경연 옮김
풀빛

한 장의 그림에 한 줄의 문장이 더해져 한 면을 이룹니다. 글과 그림을 날실과 씨실 삼아 지은 한 편의 시 같습니다. 책장을 넘길수록 색은 점점 어두워지고 때로는 절망감을 상징하는 흉측한 괴물도 등장합니다. 책 전체에 흐르는 우울한 정서가 불편해서 처음에는 그것들과 대면하고 싶지 않았습니다. 그러나 차츰 감정이입이 되고 어느새 와락 고백하고 싶어졌습니다. "맞아요. 내 마음이 지금 이래요"라고요. 진하고 축축한 절망이 마음을 덮쳐 모래 구덩이에 머리 꼭대기까지 처박힌 것처럼 느껴질 때, 숨을 쉬려고 할 때마다 입안으로 꺼슬꺼슬 나쁜 느낌이 밀려올 때 마음을 기댈 수 있는 책 《빨간 나무》입니다.

◇◇◇◇

어릴 때 엄마는 제게 말하고 싶은 불만이 있으면 일단 아파트 옆 동에 사는 '지연 언니' 이름을 꺼내 시동을 걸었습니다.

"지연이는 시키지 않아도 제 방 청소 딱딱 하고 설거지도 알아서 그런다더라, 어? 너는 엄마가 일일이 쫓아다니면서…."

한마디로 '엄친딸' 카드를 내민 것인데, 엄마가 그 이름만 꺼내면 짜증이 나고 억울하고 갑갑했습니다. 사실 부지런히 방 청소를 하거나 집안일 돕기를 살갑게 한 적이 별로 없기에 속수무책으로 당할 수밖에 없었지만 시간이 흘러 엄친딸 카드가 고정 레퍼토리로 자리 잡은 후에는 나름대로 맷집이 생겼습니다. "지연 언니네 얘기 좀 그만해. 그렇게 좋으면 그 집 가서 살면 되겠네. 가서 지연이 엄마 해"라고 되받아칠 정도로 오기와 화력이 붙기도 했죠.

2008년에 엄친아, 엄친딸이라는 두 단어가 처음 세상에 나와 급속하게 공감대를 얻고 10여 년이 지난 지금까지도 활발하게 사용되고 있는 것은 비슷한 성장기를 경험한 사람들이 그만큼 많다는 뜻일 겁니다. 남과 비교하기가 효과적인 훈육 방법으로 여겨지던 때가 있었습니다. 많은 사람들이 비교가 지긋지긋했던 시간을 경험했습니다. 오직 시험 점수 하나로 줄 세우는 주입식 교육 시스템은 말할 것도 없고, 아이가 공부를 잘하는 게 부모의 자존감과 직결된다고 착각해서 늘 자식 자랑 배틀로 귀결되는 친인척 모임도 목격했습니다. 아파트의 브랜드나 평수 같은 물질적인 재화로 사람을 재단하거나 심지어 서슴없이 비하하는 사람들도 보았고, 시험 점수나 연봉이 그 사람의 가치를 반영한다고 믿는 이들도 자주 만났습니다.

획일적인 기준으로 줄 세우기를 당하고 비교를 당하는 게 일상이 된 사회에서는 자의와 상관없이 남과 비교하는 습관이 들어버리기도 합니다. 비교라면 지긋지긋하다고 생각하면서도 자신도 모르게 매사에 남과 자신을 비교하면서 좌절감에 빠져버리는 감정 습관을 갖게 되는 거죠. 되받아칠 심판자가 외부에 있을 때는 그나마 싸워볼 만하지만 내면화되어 나의 목소리인 양 들려올 때는 대처하기가 훨씬 까다롭습니다. 그럴 땐 비교 행위 자체가 이치에 맞고 합리적인지 따져보는 게 하나의 대처법이 될 수 있습니다.

잘한다, 앞서간다, 똑똑하다, 예쁘다, 재치 있다, 성공했다…. 흔히 자신을 남과 비교할 때 사용하는 가치판단의 단어들을 가만히 들여다보면 그 자체에는 절대적 기준이 없습니다. 일러스트레이터로서 잘한다는 건 어떤 자질을 의미하는 건가요? 구상인가요, 색감인가요, 밀도인가요, 트렌드를 읽는 눈인가요, 작가 의식인가요? 만약 구상 능력을 의미한다면 어떤 구상을 두고 좋은 구상이라고 부를 수 있나요?

이렇게 생각을 펼치다 보면 우리가 가진 비교 습관이 굉장히 포괄적이고 모호한 판단 아래 이뤄진다는 사실을 알 수 있습니다. 더 와닿는 예를 들어볼까요? 반에서 1등만 하던 우등생들을 50명 모아서 한 반을 만들어놓으면 그 안에서 꼴찌가 나옵니다. 그러면 그 아이는 멍청한 건가요, 똑똑한 건가요? 꼴찌만 모아서 한 반을 만들면 거기에서도 1등이 나옵니다. 그 아이는 똑똑한 건가요, 멍청한 건가요? 제도와 시스템이 눈에 보이는 숫자(등수, 점수, 액수 등)로 상대평가 하기를 좋아하는 이유는 애당초 그런 틀을 갖지 않으면 비교가 불가능한 가치들이기 때문입니다.

같은 업계에서 일하는 친구를 보면서 느꼈던 질투의 이유를 한번 곰곰이 생각해보세요. 숫자로 환산된 무엇, 이를테면 SNS 팔로어 숫자, 공모전 등수, 작업 의뢰 건수 등으로 상대방의 가치를 높이 평가하고 열등감을 느꼈던 건 아닌지 말입니다. 어쩌면 반문하고 싶을지도 모르겠습니다. 그런 숫자들이 중요하게 평가받는 시대를 살고 있는데 어떻게 그로부터 초연해질 수 있겠냐고 말이에요. 물론 쉽지 않습니다. 그러니 더욱 비교 행위가 가진 속성을 파악해야죠. 어떤 목표치의 숫자를 마음에 품었다고 상상해보세요. 이를테면 작업 의뢰를 한 달에 다섯 건 이상 받는 걸 목표로 세웠다고 합시다. 이 목표를 이룬다면 다른 작가와 비교하는 마음이 사라질까요? 의뢰를 열 건씩 받는 다른 일러스트레이터가 눈에 안 들어올까요? 어느 숫자를 정복해야 마음이 해갈될까요? 숫자에 종속된 비교와 경쟁이 무서운 이유는 그 허기와 갈증에 끝이 없기 때문입니다.

또한 비교는 과장합니다. '이렇게 해서 앞으로 좋은 기회를 잡을 수 있을까? 계속 먹고살 수 있을까?' 하면서 자신이 처한 상황을 과장해서 받아들이고 자신이 가진 자질 전부를 의심하는 단계로 일을 키웁니다. 조금 질투 나는 상대를 보고 나서 순간적으로 감정이 흔들린 건데, '나는 일러스트레이터로서 미래가 없다'는 식으로 생각이 흘러가버립니다.

마지막으로, 비교는 은연중에 포기가 낫다고 속삭입니다. '잘하는 사람이 저렇게나 많은데 잘해내지 못할 바에야 아예 안 하는 게 낫겠다'는 결론에 이르게 합니다. 내 작업의 어떤 점이 만족스럽고 만족스럽지 않은지, 더 탐구해서 발전시키고픈 부분은 무엇인지 고민하는 데 에너지를 쓰지 못하게 합니다. 성장을 막아서는 거죠. '주변인의 재능에 놀라기→질투심에 타오르기→땅속으로 푹 꺼질 듯 기죽기→이미 해놓은 자기 작업의 모자란 부분을 찾아내 비통해하기→다음 작업을 할 의욕 상실하기' 이렇게 5단계 메커니즘으로 돌아가는 비교의 독소 작용입니다.

비교하는 목소리가 내면화된 경우는 알아차리지도 못한 채 이미 비교가 끝나버려서 좌절감과 무기력에 빠지기도 합니다. 어쩔 수 없이 습관적으로 비교하게 되었다고 해도 자신의 전부를 의심하고 부정하는 마지막 5단계까지는 가지 않도록 해야 합니다. 숀 탠^{Shaun Tan}의 책 《빨간 나무》가 유용한 순간입니다.

표지에는 종이배를 탄 소녀가 빨간 단풍잎을 바라봅니다. 종이배에는 소란스러운 말들이 가득 적혀 있습니다. 소녀는 평화로운 얼굴이지만 어딘지 비현실적인 소외감이 듭니다. 책장을 펼치면 침대에서 막 잠이 깬 소녀가 있고, 이런 문장 하나가 있습니다.

> 때로는 하루가 시작되어도
> 아무런 희망이 보이지 않는 날이 있습니다

한 장을 넘기면 더 심각한 문장이 기다립니다.

> 모든 것이 점점 더 나빠지기만 합니다
> 어둠이 밀려오고
> 아무도 날 이해하지 않습니다

책장을 넘길수록 색은 점점 어두워지고 절망감을 상징하는 흉측한 괴물도 등장합니다. 하나같이 쓸쓸하고 기괴하고 우울한 그림인데, 이상하게도 책장을 넘길수록 조금씩 마음이 후련해집니다. 누구에게도 알리지 못하고 꼭꼭 숨겨두었던 못난 마음을 대신 꺼내서 눈

앞에 들이밀고 "자, 봐" 합니다. 처음에는 불편해서 피하고 싶다가도 어느새 와락 고백하고 싶어집니다. "맞아요. 내 마음이 지금 이래요"라고요.

만약 우리가 '화', '슬픔', '스트레스' 같은 단어를 모른다면 우리의 감정에 이름을 붙일 수 없을 겁니다. 그러면 그 감정을 마음 밖으로 꺼내 잦아들게 하지도 못할 겁니다. 《빨간 나무》는 절망감의 정체를 직시하고 마음 아래로 깊이 내려가 그 감정에 푹 빠지게 합니다. 자신을 괴롭히던 감정에 이름을 붙일 수 있게 된 순간, 손끝에 다시 단단한 반동이 느껴집니다. 바닥을 치고 위로 올라갈 준비가 되었다고 느끼는 겁니다.

책의 마지막 부분에는 절망의 세계를 돌던 소녀가 다시 제 방으로 돌아오는 장면이 그려집니다. 삐그덕 문을 열어본 소녀의 어두운 방 안에는 아주 작은 빨간 단풍나무가 막 싹을 틔워 고개를 내밀고 있습니다. 그리고 이런 문장이 있습니다.

그러나 문득
바로 앞에
조용히 기다리고 있는 것이 있습니다

밝고 빛나는 모습으로
내가 바라던 바로 그 모습으로

처음 책을 읽었을 땐 결론이 너무 쉽게 희망을 말해서 불만이었습니다. '기다리면 무조건 좋은 날이 오나, 뭐? 인생이 그렇게 쉽게 풀리면 고민하는 사람 아무도 없게' 하는 반발심이 좀 들었죠. 상영 시간의 95퍼센트까지는 탁월하다가 마지막 5퍼센트 결말 부분에서 김이 팍 새는 영화를 본 것 같은 느낌이었습니다. 지금 돌이켜봐도 창피함이 몰려오는 오만한 생각이었어요.

그런데 어느 날 처음 책을 봤을 때 미처 보지 못한 《빨간 나무》의 백미를 발견했습니다. 결말에 다소곳하게 주인공을 기다리던 '희망'(빨간 단풍나무 잎사귀)은 갑자기 툭 튀어나온 게 아니었습니다. 허겁지겁 책장을 다시 넘겨보니 빨간 단풍잎은 책의 모든 장면에 있었습니다. 그림을 구석구석 꼼꼼하게 보지 않은 제가 놓친 것이었죠.

숀 탠은 애당초 책의 모든 장면에 빨간 단풍잎을 작게 그려 넣었습니다. 흉측하고 축축한 절망감이라는 물고기 괴물이 소녀 머리 위로 다가올 때도, 소녀가 유리병 안에 갇혀 외로워할 때도, 하염없이 뭔가를 기다릴 때도, 아름다운 것들은 모두 그냥 자기를 지나쳐 간다고 열패감을 느낄 때도 빨간 단풍잎은 소녀의 주위에 가만히 머물러 있었습니다.

절망 속에서도 알고 보면 (언젠가 눈에 띄길 바라면서) 조용하고 꾸준하게 우리 곁을 맴도는 작은 희망이 있다고 말하는 숀 탠의 다독임은 그냥 와락 믿어버리고 싶을 만큼 큰 위안이 됩니다. 그리고 생각하게 만듭니다. '내가 몸담은 지금 이 상황이 정말 그렇게나 절망적인가? 울렁거리는 이 떨림과 불안의 시간이 정말로 의미가 없는 건가?' 그러다 보면 신기하게도 희망적인 생각이 반짝 떠오릅니다. 작지만 청량한 생각들, 이를테면 '고민을 열심히 한 만큼 내가 깊어지는 중일 거야', '그래도 지난번 프로젝트 때 클라이언트 반응이 꽤 좋았잖아' 같은 생각들. 타인의 정원을 힐끔힐끔 쳐다보던 곁눈질을 거두고 자기 안의 정원을 직시할 때라고 말하는 목소리가 들려옵니다.

글이든 그림이든 음악이든 뭔가를 만들어본 사람이라면 모차르트와 살리에르 중 질투심에 스스로를 파괴한 살리에르에게 훨씬 더 쉽게 감정이입이 될 겁니다. 창작은 수학 시험이나 달리기 시합과는 달라서 모두가 납득할 수 있는 명쾌한 숫자를 사용해 'A가 B보다 낫다'고 결론 내릴 수 없는 분야입니다. 어느 구석에서든 부족하고 찜찜한 느낌이 남을 수밖에 없습니다. 그 찜찜한 느낌을 어쩔 줄 몰라 화를 내거나 우울감에 빠지거나 자신의 자질 전부를 의심하는 등 자기 파괴의 충동에 사로잡힐 때가 있는 거죠.

질투심을 불러일으켰다는 일러스트레이터 친구도 분명 혼자 있을 땐 다른 작가가 가진 재능을 힐끔힐끔 쳐다보며 부러워할 겁니다. 제가 아는 한 질투심과 열패감을 경험해본 적이 없는 창작자는 단 한 명도 없거든요.

09

SNS에서 박탈감을 느낍니다

때로는 모든 빛나는 것에서 눈을 떼기를

to. 에디터C

대학교 3학년입니다. 지금은 휴학 중이에요. 작은 그림책 서점에서 아르바이트를 하고 있습니다. 책과 작가에 대한 소개문을 손수 써 진열해놓으면서 보람도 느끼고 적성에도 잘 맞는 좋은 아르바이트 자리라고 생각해요. 하지만 매일 6~7시간씩 서점에서 혼자 보내는 터라 외롭기도 합니다. 게다가 대학 동기들은 거의 다 미국, 캐나다, 영국 등에 교환학생으로 가 있어서 친구들에 비해 자꾸만 제 현실이 초라하게 느껴집니다. SNS에 올린 친구들의 일상은 설렘이 가득해 보이고 매일이 새롭고 즐거워 보이거든요.

지금 제가 하고 있는 아르바이트도 미래의 제 꿈을 위해 분명 많은 도움이 될 거라 생각하면서도 나만 자꾸 뒤처지는 것 같고 아무것도 하지 않는 것 같아서 게으른 제 자신에게 실망하기도 합니다.

간절히 기다리는 이에게만 들리는 대답

고래가 보고 싶거든

줄리 폴리아노 글 | 에린 E. 스테드 그림 | 김경연 옮김

문학동네

◆
고래가 보고 싶거든
줄리 폴리아노 글
에린 E. 스테드 그림
김경연 옮김
문학동네

《고래가 보고 싶거든》은 고래를 보고 싶어 하는 한 아이에게 들려주는 조언의 말들이 시처럼 새겨진 책입니다. 고래는 좋은 날, 꿈, 목표 같은 어른의 단어를 아이들의 단어로 대체한 것일 뿐, 책 안에 담긴 메시지는 결코 아이들을 위한 것만은 아닙니다. 고래를 기다리는 아이의 마음은 뭔가를 이루고픈 어른의 마음과 같습니다.

아이는 고래를 보고 싶어서 바다가 보이는 창가에 앉습니다. 그리고 고래를 보려고 기다리면서 바다를 바라봅니다. 하지만 자꾸만 시선을 빼앗는 뭔가가 등장합니다. 분홍 장미, 포근하고 편안한 의자 담요, 밝게 빛나는 태양…. 불길하고 나쁜 게 아닌 아름답고 달콤한 존재들입니다.

◇◇◇◇

 SNS는 긍정성으로 가득 차 있습니다. 멋진 휴양지 풍경, 심미안을 자극하는 화려한 음식, 일이나 학업에서 크고 작은 성공 등 전시 가치가 있다고 판단되는 삶의 순간만을 공유하기 때문입니다. 전시 가치는 주로 즐겁고 아름답고 명랑한 것들에게 있습니다. 영화 〈인사이드 아웃〉 식으로 말한다면 '조이'(기쁨)가 관장하는 세계입니다. 이 세계에서 '새드니스'(슬픔)는 바닥에 분필로 선을 그어 그 안에서 꼼짝 못하도록 감금해야 할 불길한 무엇입니다. 성취와 좌절, 자랑스러움과 부끄러움, 확실함과 불확실함, 가능과 불가능, 기쁨과 슬픔 중에서 전자들은 전시되고 후자들은 숨겨집니다. 그렇게 행복은 강박이 됩니다.

 낯선 외국에서 모자란 언어 실력으로 버둥거리며 정착해본 경험이 있는 저는 교환학생으로 가 있다는 동기들이 SNS에 올리지 않는 현실의 이면, 그러니까 '후자들'이 어떤 모습일지 머릿속에 그려지더군요. 거주증을 받기 위해 외국인 거주 관리소 직원들의 온갖 딴지를(때로는 모욕까지) 견뎌야 하는 순간이나 아시아인을 보면 바가지를 어떻게 씌워볼까 머리를 굴리는 상인들, 길을 걷고 있는데 불쑥 얼굴을 들이밀며 "니하오!" 하며 음흉한 눈빛으로 위아래를 훑는 시선 같은 것들이요.

삶은 빛과 어둠, 긍정성과 부정성을 모두 품고 있는데 어둠은 슬그머니 도려내고 빛나는 순간만 편집해 SNS에 올려놓으니 당연히 보는 사람은 '내 삶은 저렇게 빛나지만은 않은데' 하며 박탈감을 느낄 수 있습니다. SNS는 '본다'는 행위로 유지되는 공간입니다. 누군가의 점심, 교재, 화장대, 가방 속을 보면서 만약 보지 않았다면 느끼지 않았을 부러움, 선망, 질투 등의 감정을 느낍니다. 보통 사람들이 자신을 전시할 매체를 갖지 못했던 과거에는 존재하지 않았던 현상입니다.

굳이 보지 않아도 될 순간을 편집 전시해 눈앞에 들이미는 것 말고 SNS가 질투를 유발하는 이유는 또 있습니다. SNS에서 나와 관계 맺고 있는 사람들은 대개 지인이나 친구 등 준거집단 속 사람들입니다. 우리는 자기와 비슷하다고 느끼는 사람에게만 질투심을 느낍니다. 준거집단 속 지인들이 SNS에 올리는 화려한 일상은 조금만 손을 더 뻗으면 닿을 것 같은 거리에 있습니다. 그래서 '너도 할 수 있다'고 속삭이며 기대와 이상을 키워갑니다.

할리우드 스타의 인스타그램을 팔로우하면서 그녀가 하룻밤에 1,000만 원짜리 호텔에 머무는 것은 일상적인 가십으로 받아들일 수 있지만 동기가 해외여행을 떠나 하룻밤에 50만 원짜리 호텔에 머무는 것에는 묘한 부러움이 생기는 현상을 생각해보세요. 두드러지게 격차가 나는 사람에겐 질투심이 생기지 않고 나와 비슷한 처지인 사람 중에서 약간 더 나아 보이는 사람에게만 질투심이 생긴다는 것, 거리를 두고 바라보니 조금 이상하지 않나요? 이렇게 뒤로 물러나 감정을 바라보면 숨 쉴 틈이 생기기도 합니다.

　마지막으로, SNS 세상은 우리를 반응형 인간으로 만듭니다. 좋은 반응이 있을 거라고 기대하고 올린 사진이나 게시물에 '좋아요'나 공유 횟수, 댓글이 적게 달리면 불안을 느끼거나 의기소침해집니다. 반응을 더 끌어내기 위해 답방문을 열심히 하거나 '하트와 공감이 힘이 된다'며 넌지시 손을 내미는 사람들의 심리도 같은 것이라 생각해요. 봐주는 사람이 없을 때 전시는 의미 없는 행위가 되어버리니까요. 사람들 반응이 신통치 않아도 내게 의미가 있으면 된다고 생각해야 하는데, SNS를 계속 하다 보면 자신도 모르게 반응이 부족하면 불안해지는 반응형 인간으로 변해갑니다. SNS 세계 안에서 자신을 전시-반응의 도구로 여기지 않는 정신성을 갖기란 실로 어려운 일입니다.

　철학자 한병철은 《에로스의 종말》에서 이렇게 썼습니다.

오늘날에는 과도하게 가시적인 이미지들의 어마어마한 더미가 눈 감기를 불가능하게 한다. (…) 눈을 감는 것은 일종의 부정성으로서 오늘날처럼 긍정성과 과도한 가시성이 지배하는 가속화 사회와는 양립할 수 없다. 기민성에 대한 과도한 강박은 눈 감기를 어렵게 한다.

_《에로스의 종말》, 한병철, 문학과지성사

저는 이 문장들이 그림책《고래가 보고 싶거든》이 전하고자 하는 메시지를 잘 설명한다고 생각합니다.《고래가 보고 싶거든》은 고래를 보고 싶어 하는 한 아이에게 들려주는 조언의 말들이 시처럼 새겨진 책으로, 가장 많이 등장하는 단어가 '기다림'입니다. 아이는 창문 너머 바다를 보며 고래를 꿈꿉니다. 멀리 보이는 고래 모양 섬, 언덕 위에서 바라본 고래 모양 구름을 보면서 '혹시 저게 고래일까?' 의아해하다가 이내 향기로운 분홍 장미, 신기하게 생긴 펠리컨, 깃발을 펄럭이는 배, 무시무시한 해적선에 마음을 빼앗깁니다. 그런 아이에게 책 속 화자는 말합니다.

고래가 보고 싶니?
그렇다면 장미 같은 건 모르는 척해야 해.

고래가 정말 보고 싶니?
그렇다면 바다에서 눈을 떼지 마.
기다리고

그리고 바다도.

또 기다리고
또 기다리는 거야.

아이의 시선을 빼앗았던 건 분홍 장미, 포근하고 편안한 의자 담요, 밝게 빛나는 태양처럼 아름답고 달콤한 긍정적인 존재들이었습니다. 그리고 아이는 아직 고래를 찾지 못한 미정의 상태를 감당해야 했죠. 뭔가 정해지지 않은 불확실한 상황을 응시하며 그 안에 머물러야 했습니다.

효율성과 성과주의를 잠언처럼 떠받드는 경쟁 사회는 뭔가를 찾기 위해 헤매는 과정, 암중모색의 상태를 최소한으로 줄이고 밝고 달콤한 긍정성의 세계로 뛰어들라고 유혹합니다. 그러나 생의 결정적인 순간마다 마음에 각성과 정화를 일으키는 건 삶의 부정성입니다. 무엇이든 할 수 있다는 가능성은 잠깐 달콤하지만 쉽게 마음을 무력하게 만들고, 갑자기 들이닥친 상처와 통제 불가능한 충돌은 고통스럽게 마음을 일으키죠. 처음 살아보는 삶이라는 바다 앞에서 불확실성이라는 어둠을 직시하면서 머물기. 《고래가 보고 싶거든》은 찬란한 긍정성의 세계 안에서 보지 않기로 하는 부정의 결단에 대해 이야기합니다. 흔히 만날 수 없는 진실한 삶의 조언이기에 마음이 어지러울 때마다 알약을 입안에 털어 넣듯 이 책을 복용합니다. 몇 번이고 다시 읽습니다.

또 기다리는 거야.

10
떠밀리듯
사는 것 같습니다

스스로를 속이는 삶에서 멀어지는 법

to. 에디터C

시험을 한 달가량 앞둔 임용고시생입니다. 부모님이 헌신적으로 지원해주셔서 고시생치고는 풍요롭게 지내요. 하지만 부모님은 이 돈을 벌기 위해 남들 앞에서 머리 숙이며 일합니다. 한시라도 빨리 합격하고 싶지만 자꾸 쓸데없는 생각들이 밀려와 마음이 잡히질 않습니다.

부모님의 바람으로 교육대학에 진학했지만 저는 교사라는 직업을 한 번도 긍정적으로 생각해본 적이 없습니다. 제가 보기에 그들은 먹고살기 팍팍하고 늘 피곤에 절어 초췌한 모습이었습니다. 직업에 대한 자부심을 느끼기보다는 철밥통이라 다행이라고만 생각하는 듯 보였고요. 그렇게 방황이 시작되어 휴학을 여러 번 하다 겨우 졸업했습니다. 그리고 이제는 스물일곱 살이나 먹었으니 뭐라도 해야지 싶어 억지로 노량진까지 흘러와 있습니다.

누구에게도 말하지 못했지만 사실 저는 패션과 뷰티에 관심이 많아요. 어릴 때부터 아름다움과 화려함을 동경했습니다. 대학 때 폭식과 다이어트를 수차례 반복했던 제가 패션과 뷰티에 대한 일이라면 밥 먹는 것조차 잊어버릴 정도입니다. 하지만 부모님의 헌신과 기대가 이미 너무 크고, 먼저 합격해 선생님이 된 대학 동기들도 입을 모아 말합니다. 사람들이 교사라고 하면 보는 눈이 달라진다, 1등 신붓감 소리 듣는다, 일단 교사가 되고 나면 추락했던 자존감도 다 되찾을 수 있다고 말입니다.

제가 원하는 길로 가려면 부모님에게 받았던 지원과 교사라는 직업이 주는 안정적인 미래를 포기해야 하는데 자신이 없습니다. 떠밀리듯 사는 느낌에 우울하면서도 제 선택대로 살자니 두렵습니다.

*프랑스어판 표지

양이 되고 싶었던 늑대 Le loup qui voulait être un mouton
마리오 라모스 글 · 그림
레꼴 데 르와지르 L'Ecole des Loisirs

아기 늑대의 꿈은 양이 되는 것입니다. 하늘을 날고 싶었거든요. 하늘을 날려면 날개가 있어야 하는데 그건 불가능했습니다. 그런데 양들을 관찰해보니 양들도 날개는 없었지만 때때로 '메에' 하고 폴짝 뛰어올라 하늘로 날아오를 때가 있었습니다. 이 모습에 반한 아기 늑대는 양이 되길 꿈꿉니다. 변장까지 해서 양의 무리로 들어가는데, 여기서부터 진짜 이야기가 시작됩니다.

2012년에 안타깝게 고인이 된 벨기에 작가 마리오 라모스 Mario Ramos 는 자기답다는 것의 의미, 타자와의 차이를 수용하고 있는 그대로의 자신을 긍정하는 과정을 작품 속에 담아내길 좋아했습니다. 《양이 되고 싶었던 늑대》는 특히 자존감을 단단하게 만드는 메커니즘을 간결하게 그려낸 작품입니다.

◇◇◇◇

서울 도봉구의 한 입시학원 현수막 카피가 인터넷 세상을 들썩이게 한 적이 있습니다. '치킨을 시킬지(1, 2, 3등급), 치킨을 배달할지(7, 8, 9등급) 이번 겨울이 좌우한다. 그 시작은 ○○○에서!' 비난이 삽시간에 번졌고 학원 측에서 현수막을 제거하며 소동은 일단락되었습니다. 돈을 써서 사람을 부리는 안온함과 스스로 몸을 움직여 노동하는 고단함을 가르는 건 오직 시험 성적이고, 성적이 나쁜 이의 삶은 분명 시답잖을 것이므로 단죄받아 마땅하다는 선언. 화들짝 놀랄 정도로 적나라하게 우리 사회의 치부를 드러내는 카피였습니다.

감히 입시학원 광고만큼 대놓고 말하진 못하지만 특정 직업의 가치를 단정적으로 평가하는 습관은 우리 사회에 만연해 있습니다. 실제로 그 일을 하는 사람이 어떤 감정을 느끼고 어떤 관계를 맺고 있는지 잘 알지도 못하면서 배달, 운전, 청소, 돌봄 노동을 하면 아주 불쌍한 사람이 되는 것처럼 호들갑을 떱니다.

기본 사회보장망이 취약하고 노동자를 쥐어짜며 함부로 갑질하는 사람들이 많기 때문에 생겨난 공포심일 겁니다. 그런데 밀려나면 끝장난다는 불안에 함몰된 나머지 한 사람의 인생을 함부로 불쌍히 여기는 평가를 내리기도 합니다. 치킨을 배달하는 사람도, 장애를 가지고 태어난 사람도, 눈에 띄지 않는 새벽 길거리를 청소하는 사람도 저마다의 삶이 있습니다. 그 삶이 전부 동정해야 할 일들로만 채워져 있다는 단정은 폭력적일 뿐 아니라 밀려나면 끝장난다는 불안을 다시 확대재생산하는 땔감이 됩니다. 정말로 그들의 처우 개선을 원한다면 일어나 움직이면 됩니다. 제자리에 꼼짝 않고 앉아서 그저 입으로만 딱하다, 불쌍하다 떠드는 것은 자비도 동정심도 아닙니다. 자신은 저런 처지가 아니라 다행이라는 자기 위안일 뿐이죠.

마찬가지로 우리는 전문직에 대해서도 함부로 단정 짓곤 합니다. 실제 속사정을 들여다본 적도 없으면서 의사가 되면, 변호사가 되면, 교사가 되면 행복이 보장되는 것처럼 우러러봅니다. 누구에게는 좋을 수 있는 직업이 누구에게는 나쁠 수도 있다는 진실은 슬그머니 묵음 처리됩니다. 막연히 상상하면서 종알종알 타인의 삶에 점수를 매기는 대화를, 우리는 생각보다 자주, 별 생각 없이 합니다.

편지를 보낸 독자분의 발목을 쥐고 있는 주범 역시 이렇게 떠다니는 말들입니다. 얼핏 보고선 그게 전부인 것처럼 교사는 '먹고살기 팍팍하고 피곤에 절어 초췌'하며 '철밥통만 챙기는' 직업이라고 이미 단정 지어버렸습니다. 교사가 되어서도 그렇게 살지 않을 수 있다는 가능성을 머릿속에서 날려버렸습니다. '1등 신붓감' 대접을 받을 수 있고 '자존감도 되찾을' 수 있는 직업이라는 말 역시 누군가에게 들은 이야기입니다. 누군가는 교사가 된 덕에 결혼도 잘하고 삶의 만족도도 올라갔을지 모르지만 그는 그일 뿐 내가 아니라는 점을 잊고 있습니다. 동경한다는 패션과 뷰티 쪽 직업에 대해서도 마찬가지예요. 그 길을 선택하면 안정적인 미래를 모두 포기해야 하고 경제적 궁핍에 시달린다고 이미 단정하고 있습니다.

이렇게 각 직업별 향후 50년의 운수와 불안 요인을 전부 그려놓고 예외 없이 그럴 것이라고 믿어버렸으니 당연히 제자리에서 옴짝달싹 못 하고 눈물만 흘릴 수밖에요. 작은 경험이라도 스스로 선택하고 책임져봐야 하는데 말의 홍수에 휩쓸려 유예와 미루기로 시간을 흘려보내고 있는 셈입니다. 부모님에게 미안하다고 말은 하고 있지만 어쩐지 절실함이 느껴지지 않습니다. 패션과 뷰티 일을 좋아한다는 말 역시도요. 구체적으로 그 분야의 무슨 직종에서 일하고 싶은지조차 특정하지 못하니까요. 미안함, 호기심 등 여러 감정이 있지만 그보다는 부족함 없이 풍요로운 현재 속에서 머물면서 선택을 미루고 싶은 마음이 가장 큽니다. 이렇게 의존적이고 구체적이지 못한 생각으로는 교사든 패션 뷰티 쪽 직업이든 어느 길로 가도 자존감을 유지하는 삶과는 거리가 멀어집니다.

자존감이 있다는 건 어떤 상황에서든 스스로를 가치 있게 여기겠다고 결심했다는 의미입니다. 치킨 배달을 해도, 월세방에 살아도, 시험에 붙거나 떨어져도, 교사로 일하며 피곤에 절어도, 화려함에 매혹되어 불나방처럼 뛰어들어도 내가 나를 존중할 수 있으면 자존적 삶을 꾸려갈 수 있습니다. 이를 방해하는 건 거짓된 자아상입니다. 자신을 경제적 안정감이 없으면 견디지 못하는 사람으로 보는 한, 의외의 생존력과 돌파력을 가진 나를 볼 기회는 없습니다. 자신을 외모에 열등감이 있는 살찐 사람으로 여기는 한, 타인의 시선을 아랑곳하지 않고 뭔가에 집중하는 나를 볼 기회는 없습니다.

스스로를 속이는 자기기만을 직시하는 건 무척 고통스러운 일입니다. 하지만 독립적이고 존엄한 삶은 저절로 얻어지지 않습니다. 바로 이것이 마리오 라모스가 《양이 되고 싶었던 늑대》에서 전하는 메시지입니다.

표지에서 하늘을 물끄러미 바라보고 있는 아기 늑대의 꿈은 양이 되는 것입니다. 하늘을 날고 싶었거든요. 하늘을 날려면 날개가 있어야 하는데 그건 불가능했죠. 그런데 양들을 관찰해보니 양들도 날개는 없지만 때때로 '메에' 하고 폴짝 뛰어올라 하늘로 날아오를 때가 있었습니다. 이 모습에 반한 아기 늑대는 양이 되길 꿈꿉니다.

어느 날 아기 늑대는 기어코 양으로 위장을 하고 양떼 가까이 다가갑니다. 변장이 허접했기에 양들은 의심의 눈초리를 보내는데 하늘에서 내려다볼 때는 완벽한 위장이었습니다. 독수리조차 헷갈릴 정도였죠. 독수리는 아기 늑대를 양으로 착각하고 순식간에 낚아채

Aujourd'hui, Petit Loup s'est déguisé en mouton.
À quatre pattes dans le pré,
il mâchouille quelques brins d'herbe.
« C'est pas bon », songe-t-il.

Les moutons le regardent, méfiants.
Mais vu d'en haut, l'illusion doit être parfaite.

Soudain, l'aigle l'abandonne
en haut de la montagne.

Un silence inquiétant le glace de terreur.
Petit loup regarde les os qui l'entourent,
et tout à coup, il comprend
que l'aigle emporte les moutons
pour les dévorer.

집으로 향합니다. 그리고 둥지에 넣어둔 다음 다시 사냥을 떠납니다. 아기 늑대는 아슬아슬한 절벽 꼭대기에 혼자 남겨집니다. 둥지 주변에는 동물들 뼈가 어지럽게 널려 있습니다. 이 절체절명의 위기를 어떻게 극복할 수 있을까요?

여기까지 읽었을 때 저는 '역시 송충이는 솔잎을 먹어야 한다'는 교훈이 담긴 책인 줄 알았습니다. 자기 본성대로 살지 않고 남처럼 살고자 하다가 스스로를 궁지에 몰아넣은 아기 늑대의 어리석음에 대한 이야기인 줄만 알았습니다. 진짜 하늘을 나는 새도 아니고 기껏 양이 '메에' 하면서 폴짝 뛰어오르는 것만 보고 양처럼 되고 싶다니, 번지수를 잘못 짚어도 한참 잘못 짚었구나 싶었죠. 하지만 마리오 라모스는 한발 더 나아갑니다. 사실 책의 진짜 이야기는 여기서부터 시작입니다.

홀로 독수리 둥지에 앉아 "난 양이 아니란 말이야!" 하며 억울해하던 아기 늑대는 "내가 이렇게 독수리 먹이가 되도록 보고만 있지 않겠어"라고 다짐하고 집으로 돌아가기로 결심합니다. 그리고 둥지 옆 절벽의 돌무덤을 헤치고 땅굴을 파기 시작합니다. 마음처럼 파지지 않는 땅을 겨우겨우 헤치며 깜깜한 굴속을 기어갑니다. 아기 늑대는 자꾸 울고 싶어집니다. 하지만 멈추지 않고 조금씩 파내려가죠. 그러다 어느 순간 절벽 반대편에 다다라 구멍에서 떨어지고 맙니다. 굴러 떨어지다 겨우 나뭇가지를 붙잡은 아기 늑대는 살려달라

De justesse,
Petit Loup se rattrape à un arbuste
et se retrouve suspendu
entre ciel et terre.

« Au secours, au secours ! »
appelle-t-il.
Mais personne ne répond.
La nuit tombe.
Les heures s'écoulent lentement.

고 소리쳤지만 주변엔 아무도 없습니다. 외롭고 힘들게 간신히 버티고 있는 아기 늑대에게 시간은 너무나 천천히 흘러갑니다.

다음 날 아침 아기 늑대는 팔에 힘이 빠져 결국 손을 놓게 되고, 마침 그 아래를 지나가고 있던 양떼 위로 떨어집니다. 양들은 늑대를 보고 기겁하며 도망갑니다. 그렇게 목숨을 구한 아기 늑대는 너른 벌판으로 나가 먼 하늘을 바라보며 말합니다.

"그래, 난 늑대야. 하지만 그냥 아무 늑대는 아니지. 나는 구름을 만져본 늑대라고."

마지막 아기 늑대의 독백은 자존감에 대해 생각하게 합니다. '그래, 나는 꽤 괜찮은 늑대다'라는 자존감을 만든 건 결국 경험, 그러니까 절벽 위, 땅굴 안, 공중의 나뭇가지 위에서 살기 위해 발버둥 쳤던 행동들이었습니다.

인생에 어려운 일들이 닥치더라도 내가 이겨낼 수 있을 거란 믿음, 내가 노력한 만큼 성취를 이룰 거라는 믿음은 앉아서 상상만 하거나 타인의 말에 귀를 기울인다고 생겨나지 않습니다. 비참함이나 절망감을 느끼면서도 이것만큼은 꼭 해내고 싶다고 절절하게 바라는 것이 있어 세상에서 뒹굴 때, 상처나 고난 따위에 지지 않겠다며 이 앙다물고 분투할 때 내 삶을 끌고 가는 힘이 생겨납니다.

"그래. 난 늑대야.
하지만 그냥 아무 늑대는 아니지.
나는 구름을 만져본 늑대라고."

« Bien sûr que je suis un loup.
Mais pas n'importe quel loup!
Moi, j'ai touché les nuages!»

그림책 작가 이야기 02

마리오 라모스
Mario Ramos

"우리는 우리가 생각하는 것보다 공통점을 더 많이 가지고 있습니다. 작가인 제가 먼저 흥미롭다고 느끼면 다른 사람들도 흥미로워할 거라고 믿어요. 스스로를 첫 독자라고 생각하면서 책을 만듭니다. 제 심장을 뛰게 하는 이야기는 읽는 사람을 웃게 하고 생각하게 만드는 이야기입니다. 웃고 생각하기가 반드시 함께 있어야 해요."

이렇게 아름다운 생각을 가진 사람이라서 나는 마리오 라모스의 책이 좋다. 그리고 더 이상 그의 신작을 만날 수 없다는 사실이 슬프다.

마리오 라모스는 1958년 브뤼셀에서 태어나 30여 권의 그림책을 발표하고 2012년에 54세의 이른 나이로 안타깝게 세상을 떠난 벨기에 작가다. 좋은 그림책 작가의 작품이 그렇듯 그의 책 역시 한눈에 그의 책임을 알아차릴 수 있는 강렬한 그림체와 대체 불가한 개성을 지녔다. 간결하고 압축적인 그림도 매력적이지만 나는 그가 이야기 안에 담아놓은 메시지에 언제나 감복하고 만다.

라모스는 차이와 이질감이라는 주제에 관심이 많았다. 나를 둘러싼 세상은 모두 잘 굴러가는 것 같은데 유독 나만 어색하고 불편한 감정을 느끼거나 내가 속할 곳은 여기가 아니라는 느낌을 받을 때, 이런 감정을 어떻게 다뤄야 하는지 다양한 이야기로 변주해 표현했다. 그가 처음으로 글과 그림을 모두 맡아 그림책 작가로서의 발판을 만든 1995년 작 《거꾸로 된 세상》Le monde à l'envers은 혼자만 서 있는 방향이 다르게 태어난 생쥐 레미에 대한 이야기다.

레미는 모두가 땅바닥에서 걸을 때 천정에 거꾸로 매달려 걸었고, 다른 친구들처럼 그네를 타거나 교실 의자에 앉지 못했다. 남과 다른 차이로 인해 어려움을 겪었던 주인공이 더 큰 세상으로 나가 여러 경험을 하고 돌아온 뒤 나 혼자만 이상한 것 같다는 소외감에서 자유로워진다는 줄거리다. 이 작품은 후에 이어지는 그의 작품 세계의 예고편 같은 역할을 한다.

라모스는 거의 매해 한 권 이상의 작품을 발표했는데, 주인공들의 면면은 이렇다. 양이 되길 꿈꾸는 늑대, 덩치가 작아 생쥐로 오해받는 코끼리, 돼지들만 다니는 학교에 입학한 늑대, 덩치는 커다랗지만 용기가 없고 부끄럼이 많은 코끼리, 개나 고양이가 아닌 악어를 반려동물로 기르는 소녀…. 어른이든 아이든 누구나 한 번쯤 느껴봤을 '나만 왜 이러는지 모르겠다'는 혼란을 겪는 주인공이 등장하기 때문에 자연스럽게 감정이입이 되면서 그의 고군분투를 응원하게 된다. 이런 서사를 좋아하는 이유에 대해 그는 이렇게 설명했다.

"전에는 고통스러웠던 일이 이제는 괜찮아지는 것, 그건 다시 태어나는 것과 마찬가지거든요."

그가 즐겨 그리는 두 번째 주제는 '힘'이다. 《세상에서 내가 가장 세!》, 《명령하는 왕관》, 《너무 바쁜 왕》Le roi est occupé 등 권력을 가진 힘센 존재를 주인공으로 한 책들만 하나의 흐름으로 묶어낼 수 있을 정도다. 이 작품들은 타인을 억압하고 지배하는 힘의 논리가 얼마나 허망한 속성을 지녔는지 까발린다. 누가 누구보다 세다는 힘자랑이 얼마나 우스꽝스러운 것인지, 왕관으로 상징되는 권력을 손에 쥐었을 때 사람이 어떻게 변할 수 있는지, 권력을 가진 이가 정말로 힘이 세고 능력이 있어서 권력을 갖게 됐는지, 권력을 쥐었다는 이유만으로 무조건 존경하고 머리 숙이는 일이 옳은지 날카롭게 질문한다. 여기서 그가 전하고자 하는 메시지는 힘 있는 존재 앞에서 충분히 자신을 방어해내는 용기다. 한마디로 쫄 필요 없고 알아서 길 필요도 없다는 메시지. 때론 굴욕적이고 폭력적인 세상 속에서 스스로를 지켜내는 내면의 보호막에 대한 이야기. 하루 종일 바깥에서 시달린 날이면 그의 그림책이 더욱 간절히 생각나는 이유다.

함께 읽으면 좋은 책

《난 생쥐가 아니야》, 마리오 라모스 글·그림, 주니어김영사
《세상에서 내가 가장 세!》, 마리오 라모스 글·그림, 문학동네어린이
《오르송》, 라스칼 글, 마리오 라모스 그림, 미래아이
《얼굴 빨개지는 친구》, 마리오 라모스 글·그림, 미래아이
《돼지 학교에 간 늑대》, 마리오 라모스 글·그림, 거인
《명령하는 왕관》, 마리오 라모스 글·그림, 개암나무

11
글쓰기가
두려워요

있는 그대로의 나를 담는 글쓰기

to. 에디터C

어릴 때부터 상상하고 새로운 아이디어를 낼 때 살아 있는 기분을 느꼈어요. 그림, 작곡, 글쓰기에 관심이 많았고 기회가 닿는 대로 배우겠다는 생각을 가지고 있었죠.

얼마 전부터 글쓰기 교실에 등록해 다니고 있습니다. 그런데 다른 사람들 앞에서 글을 발표하고 평가받는 합평 시간 때문에 부담감과 압박감에 시달리고 있어요. 다른 사람 글에 비해 제가 쓴 글이 너무 못난 것 같고 자신이 없어요. 사람들에게 좋은 평가를 받을 만한 글을 써야 한다는 생각이 너무 강하다 보니 글쓰기 자체를 피하게 됩니다. 사람들에게 잘 보여야 한다는 욕심, 글을 써서 작가가 되어야겠다는 생각에 발목이 잡힌 것 같아요. 글쓰기 교실에 다니기 전까지만 해도 아이디어를 끄적이느라 밤을 꼴딱 새우는 일도 많았는데, 그때 느꼈던 창작의 순수한 기쁨과 열망이 제 안에서 모두 사라진 것 같아 괴롭습니다. 예전의 저로 돌아갈 수 있을까요?

◆
점
피터 레이놀즈 글·그림
김지효 옮김
문학동네

모든 창작은 타인에게 평가받을 수 있다는 공포스러운 가능성을 전제로 이루어집니다. 특히 자신을 직접적으로 드러내는 글쓰기는 두려움을 동반합니다. 남들에게 내보이고 나면 누군가 '네 세계관은 엉터리야'라고 지적하거나 '네가 알고 있던 정보는 틀렸어' 하며 오류를 찾아낼 수도 있습니다. 인생의 바보스러운 순간 혹은 개인적으로 의미 있는 순간을 글속에서 고백하겠다고 마음을 먹으면 웃음거리가 될까 봐 두려워지고, 동시에 그 두려움 때문에 그럴싸한 모습만 편집해 보여주는 쓰나 마나 한 글을 쓸까 봐 더 걱정하기도 합니다. 두려움의 장벽 앞에서 여린 창작의 불씨를 꺼뜨리지 않으려면 어떤 태도와 자세를 취해야 할까요? 초조한 마음에 첫 문장조차 시작하지 못할 때, 내면의 비평가가 등장해 '이래서 사람들이 좋아하는 글을 쓰겠냐'고 채찍질할 때, 글을 쓰겠다는 의욕조차 사라지려고 하는 위험한 순간에 저는 피터 레이놀즈의 《점》을 펼쳐봅니다.

◇◇◇◇

제가 글 쓰는 직업을 동경하게 된 건 스무 살 무렵이었습니다. 대학교 때 한 수업에서 리포트를 제출하고 교수님에게 들었던 한마디가 시작이었습니다.

"너는 앞으로 글 써서 먹고살겠다."

순간 심장이 쿵쾅거리면서 순식간에 기민한 상상이 머릿속을 자욱하게 채웠습니다. 정말, 그럴 수 있을까. 내가? 음반을 사면 부클릿에 실린 음악 평론가의 해설을 읽는 게 좋았고, 좋아하는 신문 칼럼은 연재 요일을 기억했다가 챙겨 읽고 스크랩해두었으며, 영화 잡지에 실린 평론이나 인터뷰 기사를 읽고 하아, 하면서 나른하고 낮은 신음을 토해내는 게 당시의 일상이었습니다. 그러니 글 써서 먹고살겠다는 교수님 말씀은 덜컥 믿어버리고 싶은 예언이었습니다.

글을 쓰면서 월급을 받을 수 있는 곳은 그리 많지 않았습니다. 신문사, 잡지사, 방송사, 광고대행사 정도였죠. 그나마 몇 안 되는 선택지를 두고도 마음은 민들레 홀씨처럼 이리저리 둥실둥실 떠다니다 겨우 한 자리에 내려앉아 뿌리를 내렸습니다. 그렇게 잡지사 피처 에디터가 되었습니다. 전날 마신 알코올 때문에 오장육부가 세탁기 탈수 모드처럼 뱅뱅 돌아도, 폭풍우가 쏟아져 도로에 물난리가 나도, 뼈와 살을 발라내는 것처럼 지독했던 탈고 작업을 한 다음 날에도 사무실로 출근해 또다시 기사 원고를 박는(마감 때 편집부에서는 재봉틀로 박는 것처럼 타자를 치는 소리만 들려오기 때문에 원고를 쓰는 게 아니고 박는다고 합니다) 월간지 마감 생활을 10년 정도 했습니다.

처내야 할 일은 언제나 가랑이가 찢어질 만큼 많았습니다. 글 잘 쓰는 사람은 회사 안팎 도처에 널려 있었습니다. 스스로 재능 없음에 한탄했고 가까스로 만들어낸 몇 줄의 글은 언제나 허접하게만 느껴졌습니다. '도망가고 싶다'와 '써야 한다'의 사이, '그래봤자'와 '그럼에도'의 사이, '적당히 막는다'와 '잘 쓰고 싶다' 사이에서 빠르게 왕복 달리기를 하는 심정으로 진땀을 흘리며 기사를 만들었습니다. 그러고도 한 달이 지나면 잡지는 과월호라는 이름으로 유통기한이 지난 우유처럼 아낌없이 버려졌습니다. 한달살이 삶이 숙명인 잡지쟁이의 눈에 시간과 상관없이 독자의 서재에 머물 수 있는 책의 저자들은 크나큰 동경의 대상이었습니다.

세상 많은 일들이 그러하듯 누군가를 동경하는 일에도 빛과 어둠이 있습니다. 동경하고 흠모하는 마음이 작은 불꽃처럼 일어날 때 가장 먼저 발견하는 건 스스로에 대한 힌트였습니다. 정신이 아득해질 정도로 깜깜하고 혼란스러운 자기 이해 과정에서 '아, 내가 이런 글을 좋아하는구나. 이런 사람이 되고 싶구나' 하는 정보는 더할 나위 없이 소중한 나침판이 되어주니까요.

동경의 대상은 희망의 상징이 되기도 했습니다. 평범한 가정주부로 살다가 40세의 나이에 《여성동아》 장편소설 공모전을 통해 등단한 고 박완서 할머니(제가 가장 사랑하는 작가라 마음대로 친근하게 불러버리는 결례를 범합니다)는 글쓰기를 시작하기 늦은 나이란 없다는 것을 보여주었습니다. 또 패션지 피처 에디터 출신 소설가 백영옥 작가, 에세이스트 김경 작가의 행보는 '피처 에디터 선배 중에 저런 길을 가는 분도 있구나. 제대로 마음먹으면 나도 할 수 있을 거야'라고 바라게 해주었습니다. 섣고 성급한 희망이었지만 정신이 갈가리 찢겨나가는 한달살이 삶을 버티는 데는 큰 도움이 되었습니다.

반면 누군가를 동경하는 일은 살얼음판을 걷는 일과도 같았습니다. 자칫 발을 잘못 내디디면 자신을 지탱하고 있던 바닥이 깨지면서 깊고 어두운 좌절감으로 빠져버릴 수 있었습니다. 동경의 대상이 대단해 보일수록 반대급부로 현실의 내가 형편없게 느껴졌습니다. 그런 감정은 의욕 상실로 이어졌습니다.

생각해보면 언제나 자신이 가장 큰 적이 아니었던가 싶습니다. 작은 성취에 연연해했으며 오랜 시간을 두고 해나가야 하는 일의 과정에서 있을 수 있고 있어야 하는 작은 실패를 지나치게 두려워하는 소심함과 문학에 대한 외경심이 너무 큰 데서 오는 상대적인 자신의 왜소함에 너무 예민했던 점 등이 그것이지요.

_《내 마음의 무늬》, 오정희, 황금부엉이

마음을 고양시키는 동경과 깊은 자괴감을 동시에 선사하는 오정희 소설가의 산문집 《내 마음의 무늬》에서 이 문장을 만나고 저는 얼마간 위안을 얻었습니다. '아, 오정희 작가님도 외경심이 너무 큰 데서 오는 상대적 왜소함을 느끼는구나. 그 대단한 분도 그렇구나.' 적당한 선에서 동경하는 마음을 끊고 나는 내 갈 길로 가겠다고 다짐하는 순간이 필요하다는 걸 깨달았습니다. 글쓰기란 어차피 하루 이틀에 결판날 일이 아니며 오랜 시간을 두고 해나가야 하는 일이기에 그 과정에서 작은 실패들을 겪기 마련이라는, 잊고 있던 사실을 기억해내고 되새김질할 수 있었습니다.

창작은 타인에게 평가받을 수 있다는 두려운 가능성을 전제로 이루어집니다. 아무에게도 보여주지 않는 일기를 쓰는 것과 합평에서 발표할 글을 쓰는 건 결코 같지 않습니다. 혼자서 비밀 글만 쓸 생각이라면 좋은 평가를 받고 싶은 부담감을 느낄 이유도 없겠죠. 타인의 평가에 노출될 가능성을 막을 수 없다면 어떻게 내면의 여린 불씨를 지킬 수 있을까요? 이 질문에 대한 답을 준 건 책 《창조의 탄생》에서 만난 우디 앨런Woody Allen 감독의 이야기였습니다. 80세가 넘는 나이에도 매해 새 영화를 발표하며 경이로운 창조력을 선보이는 앨런 감독은 자기 영화와 관련된 평을 일절 읽지 않는 것으로 유명합니다. 심지어 자기가 만든 영화를 영화관에 가서 보지도 않고, 상을 준다고 해도 받으러 가지 않는다고 합니다.

> 상이라는 개념 자체가 어리석어요. 나는 타인의 평가에 따를 수 없습니다. 사람들이 상을 받을 자격이 있다고 말할 때 이를 수용하면 상을 받을 자격이 없다고 말할 때도 이를 수용해야 하기 때문입니다.
>
> _《창조의 탄생》, 케빈 애슈턴, 북라이프

타인이 내가 만든 것에 대해 말하고 평가하는 걸 막을 수는 없지만 내 쪽에서 아예 듣지 않는 선택을 할 수도 있다는 신선한 가능성을 보여줍니다. 창작 교실에서 합평을 하면서 물론 배울 수 있는 것도 많을 테지요. 하지만 타인의 평가에 크게 흔들리는 사람이라면, 그래서 아예 쓰고 싶은 마음까지도 사라져버리는 사람이라면 자신의 여린 창조성을 보호하기 위한 원칙을 세울 수도 있다는 말씀을 드리고 싶었습니다. 적어도 그것이 아예 쓰지 않기로 결심하는 것보다는 훨씬 낫기 때문이죠. 그런 맥락에서 스티븐 킹Stephen King이 《유혹하는 글쓰기》에서 밝힌 글쓰기 교실, 창작 교실에 대한 의견을 나누고 싶네요.

작품에 대한 부담감이 유난히 큰 날은—즉 '쓰고 싶다'가 아니라 '써야 한다'는 쪽으로 마음이 기우는 날은—작품 자체도 엉망이 되기 쉽다. 창작 교실의 심각한 문제점 중의 하나는 그 '써야 한다'가 아예 일반화된다는 사실이다.

_《유혹하는 글쓰기》, 스티븐 킹, 김영사

자꾸만 비교하는 마음이 들 때, 타인의 평가를 의식하게 될 때, 혹 꺼져버린 창작 욕구를 되살려 타오르게 하고 싶을 때 저는 피터 레이놀즈의《점》을 펼쳐봅니다.

《점》은 주인공 베티가 뾰로통한 표정으로 앉아 있는 교실을 보여주며 시작합니다. 미술 시간은 이미 끝난 뒤지만 베티의 책상 위 도화지는 하얀 상태 그대로 남아 있습니다. 미술 선생님이 하얀 도화지를 보면서 "와! 눈보라 속에 있는 북극곰을 그렸네"라고 좋게 해석해주지만 베티는 이렇게 받아칩니다.

"놀리지 마세요! 전 아무것도 못 그리겠어요!"

미술 선생님은 "어떤 것이라도 좋으니 한번 시작해보렴. 그냥 네가 하고 싶은 대로 해봐" 하면서 재차 독려합니다. 베티는 연필을 잡고 도화지에 힘껏 내리꽂습니다. 도화지 중간에 까맣고 동그랗게 연필 자국이 파이고, 베티는 도화지를 선생님에게 줘버립니다. 선생님은 도화지를 들고 한참 바라보더니 조용히 말합니다.

"자! 이제 네 이름을 쓰렴."

도화지 오른쪽 아래 베티는 자신의 이름을 적어 돌려줍니다. 그런데 다음 미술 시간에 놀라운 일이 벌어집니다. 선생님이 베티가 점을 찍은 도화지를 아주 멋진 황금빛 액자에 넣어 교실에 전시했기 때문입니다. 액자 앞에서 베티는 팔짱을 끼고 말합니다.

"흥! 저것보다 훨씬 멋진 점을 그릴 수 있어!"

그날부터 베티는 수채화 물감을 꺼내서 노란 점, 초록 점, 빨간 점, 파란 점을 그리고 또 그립니다. 파란색과 빨간색을 섞어서 보라색 점을 만들 수 있다는 것도 알게 되고, 어느 날에는 작은 점을 그릴 수 있으니까 아주 커다란 점도 그릴 수 있을 거라며 커다란 도화지를 꺼내 들기도 합니다. 마치 추상화를 그리는 현대미술가처럼 커다란 캔버스에 비어 있는 점을 만들어내기도 하죠. 베티의 점 그림들은 차곡차곡 쌓여갔고 학교에서 전시회를 열기에 이릅니다. 전시회 인기는 아주 대단했습니다.
전시장을 찾은 한 꼬마가 베티를 향해 말합니다.

일 주일 뒤 미술 시간,
베티는 선생님 책상 위에 걸린
액자를 보고 함빡 웃었어요.
번쩍거리는 금테 액자 안에는
작은 점 하나만 있었거든요.
베티가 내리꽂았던 바로 그 점 말이에요.

얼마 후, 학교에서 미술 전시회가 열렸어요.
베티가 그린 점들은 인기가 대단했어요.

"누난 정말 굉장해! 나도 누나처럼 잘 그렸으면 좋겠어."
"너도 할 수 있어."
"내가? 아니야. 난 정말 못 그려. 자를 대고도 선을 똑바로 못 그리는걸."

꼬마는 똑바로 선을 긋고 싶었으나 결국 삐뚤빼뚤하게 그린 도화지를 베티에게 건네줍니다. 이 선을 가만히 내려다보던 베티가 말합니다.

"자! 이제 여기 네 이름을 쓰렴."

저는 《점》에서 이 문장을 만날 때마다 마음이 일렁입니다. 앞으로 어떤 태도로 글을 써나갈지 마음을 다잡게 됩니다. 그만큼 함축적으로 많은 이야기를 들려주고 있는 문장이거든요. 이름을 쓴다는 건 '이게 나예요'라고 선언하는 일입니다. 있는 그대로, 한계가 있는 채로 자신을 인정하는 일이죠. 지금 이 순간의 내가 어디까지 할 수 있는지 확인하는 일입니다. 베티가 처음에 그린 점은 무능, 한계, 부족함을 상징하는 것처럼 보였습니다. 그림을 그리지 못한 베티가 겨우 해낼 수 있는 거라곤 점을 찍는 것뿐이었으니까요. 하지만 도화지에 이름을 쓰고 액자에 걸어 전시한 순간 점은 베티의 독특한 개성으로 변모합니다.

책의 중반부에 베티는 반복해서 점을 그립니다. 이렇게도 해보고 저렇게도 해보면서 점으로 할 수 있는 표현들을 익혀나갑니다. 다른 친구가 그린 그림들이 좋아 보인다고 흉내 내거나 따라 하는 게 아니라 베티 자신이 할 수 있는 점 그리기에 몰두한 이 장면이 저는 《점》의 가장 큰 선물이라고 생각합니다.

아예 창작 욕구가 다 사라져버린 것 같다고요? 예전처럼 순수한 창작의 기쁨을 누리던 시절로 돌아가지 못할 것 같다고요? 훌륭하고 독특한 것을 내놓아야 한다는 목표 의식 앞에선 그 누구라도 그렇게 경직될 거예요. 잘 써야 한다는 부담감이 너무 커져서 한 발짝도 못 뗄 것 같은 날이 계속되면 어떻게 하냐고요? 후진 글이라도 일단 쓰고 보자는 생각으로 책상 앞에 앉는 수밖에요. 계속 점만 반복해 그리면서 저 나름의 실험을 하는 베티의 심정으로 일단 내가 할 수 있는 것부터 해보자고 마음을 먹는 수밖에요. 창작의 부담감 앞에서 우리가 취할 수 있는 최악의 선택은 아무것도 하지 않기니까요. 아무것도 쓰지 않으면 타인에게 평가받을 필요도 없고 타인의 지적에 상처받을 일도 없지만 나의 글이라는 것도 역시 남지 않을 테니까요.

"자! 이제 여기 네 이름을 쓰렴."

12
왜 이렇게 미루는 걸까요

열정이 사라진 자신이 실망스러울 때

to. 에디터C

피아노를 전공한 20대 후반 여성입니다. 다른 피아노과 학생들보다 출발이 늦었습니다. 결과적으로 원하던 대학교에 진학하지는 못했지만 저만의 목표를 향해 누구보다 열심히 연습하는 청소년기를 보냈어요.

그런데 얼마 전부터 무기력증이 시작되어 지금까지 이어지고 있습니다. 예쁜 것이나 재미있는 것을 봐도 몸과 마음이 움직이지 않습니다. 지인이 추천해서 필리핀으로 2개월간 어학연수를 다녀왔는데, 그곳에서는 힘들긴 해도 열정적으로 공부했습니다. 문제는 한국에 돌아온 이후에는 그때처럼 살지 못한다는 겁니다. 다이어트, 영어 공부 등 이루고픈 목표가 있음에도 불구하고 예전처럼 열심히 하지 못하고 뭐든 미루기만 합니다. 사진을 찍어보겠다며 필름카메라를 구입해놓고 곧 흥미가 사라져 서랍에 방치하는 식입니다.

언제인가부터 뭔가 하고 싶은 일이 있으면 돈 모아서 나중에 하자고 스스로 달래면서 막상 돈을 다 모으고 나면 실천하지 않습니다. 왜 이렇게 미루는 걸까요? 생각해보면 저는 항상 과정을 즐긴다는 말과 상관없이 살았던 것 같아요. 피아노를 제외하고요.

*프랑스어판 표지

◆
커다란 곰의 커다란 배 Big Bear's Big Boat
이브 번팅 글
낸시 카펜터 그림
클라리온 북스 Clarion Books

주인공 곰은 유순한 성격입니다. 친구들이 조언하면 "어쩌면 네 말이 맞을지도 모르겠다"면서 귀담아들었습니다. 곰은 최선을 다해 노력했습니다. 나쁜 뜻 같은 건 하나도 없었습니다. 그런데 그로 인한 결과는 기대한 바와 달랐습니다. 실망감이 마음을 덮쳤습니다. 스스로를 실망시켰으니 자책이라는 벌을 받아야 할 것 같은데, 곰은 다른 선택을 합니다. 《커다란 곰의 커다란 배》는 꾸준히 해내는 힘을 갖기 위해 반드시 전제되어야 할 것에 대한 이야기입니다.

◇◇◇◇

욕망이라는 단어는 조금은 불온하고 삐딱해 보이지만 행동하고 움직이게 만드는 동력을 품고 있습니다. 팍팍한 일상 속에서 불현듯 살아 있음을 느끼게 하는 것들, 욕망을 심어주는 것들을 들여다보면 우리가 궁극적으로 지향하는 것, 진정 원하는 것이 무엇인지 발견할 수 있죠. 잡지 에디터로 일하던 시기에 《나의 방식으로 세상을 여는 법》, 《위대한 멈춤》 등을 집필한 박승오 작가를 인터뷰한 적이 있었습니다. 자신의 욕망을 제대로 이해하기 위해서는 적절한 질문을 던져야 한다는 주제로 기사를 쓰고 있었던 저는 그에게 유용한 문장 몇 가지를 얻을 수 있었습니다.

Do – 나는 어떤 일을 하고 있을 때 살아 있음을 느끼는가? 무엇을 하면 진짜 행복할 것 같은가?

Go – 나는 어떤 공간에 있을 때 살아 있다고 느끼는가? 왠지 가보고 싶고 끌리는 장소는 어디인가?

Have – 나는 어떤 것을 가졌을 때 기쁨을 느끼는가? 무엇을 소유했을 때 기쁨을 느꼈는가? 돈이라고 적기보다 구체적인 소유물을 적자.

Be – 직접 만났거나 책, 영화, TV 등을 통해 간접적으로 알게 된 사람 중 끌렸던 사람은 누구인가? 그 인물의 특징 가운데 구체적으로 어떤 것을 닮고 싶은가?

답하기 쉽지 않은 질문들이지만 대답할 수 있다고 해서 자신을 이해하는 작업이 끝나는 건 아닙니다. 이 지점이 욕망이라는 녀석의 까탈스러운 면모인데요. 내 것이라고 굳게 믿었는데 알고 보니 내 것이 아닌 쭉정이 욕망도 마구 섞여 있기 때문입니다. 가족, 또래 집단, 미디어 등 이곳저곳에서 좋다고 떠들면 자신도 모르게 타인의 욕망을 내면화해서 제 것인 양 착각하는 경우가 굉장히 많죠. 또 누군가를 흉내 내고 싶어서 생긴 욕망도 있습니다. 어떤 일을 이루기 위해 치러야 하는 대가는 무시한 채 그저 누리는 혜택만을 동경하는 마음 또한 걸러내야 하고요.

사연을 보낸 독자분은 피아노에 대해서만큼은 과정을 즐기며 꾸준히 노력해왔습니다. 반면 다이어트나 영어 공부나 다른 취미 활동은 흥미가 금방 식고 목표를 설정해도 미루기만 해서 고민입니다. 이 차이는 무엇을 말할까요?

이브 번팅Eve Bunting이 글을 쓰고 낸시 카펜터Nancy Carpenter가 그림을 그린 《커다란 곰의 커다란 배》는 둘이 함께 2003년 발표했던 《꼬마 곰과 작은 배》의 후속작입니다. 전편에서는 호수에서 작은 배 타기를 너무나 좋아하던 꼬마 곰이 몸이 쑥쑥 자라서 어느 날 정든 작은 배와 헤어진다는 내용을 담았습니다. 변화가 두려워 억지로 작은 배에 몸을 욱여넣는 대신 옛것과 이별하고 변화를 선언하는 용기에 대해 이야기한 작품이었죠.

후속작인 《커다란 곰의 커다란 배》에서 주인공 곰은 커져버린 자기 몸에 맞는 커다란 배를 손수 만들기로 합니다. 어릴 때부터 좋아했던 작은 배와 똑같은 생김새로 크기만 키운 파란 보트를 만든 후 행복을 느끼는 곰의 일상이 그려집니다. 그런데 배를 끌고 호수로 나가려는 찰나 비버가 말을 겁니다.

"와, 정말 멋진 배구나. 그런데 이 정도로 큰 배에는 돛대가 필요한데, 너 몰랐어?"

그래서 돛대를 달고 있는 곰에게 이번엔 수달이 말합니다.

"이렇게 멋지고 큰 배에는 상판이 있어야지. 그 위에 앉아 노을도 보고 달도 구경하려면 말이야. 다른 큰 배들은 모두 상판이 있는걸."

상판을 만들고 있는 곰에게 파랑 왜가리가 다가옵니다.

"진짜 멋진 배를 만들었구나! 그런데 들어가서 잘 수 있는 선실이 필요하지 않겠어? 다른 큰 배들은 다 선실이 있는데."

친구들이 한마디씩 거들 때마다 곰은 이렇게 답합니다.

"어쩌면 네 말이 맞을지도 모르겠다."

친구들이 강압적으로 권하거나 참견한 것도 아니었고 이야기를 가만히 들어보니 일리가 있어서 배에 돛대, 상판, 선실을 더하기로 선택한 것이었죠. 그렇게 최종적으로 완성한 보트를 바라보는 곰의 미묘한 심경을 낸시 카펜터는 정말이지 탁월하게 그려냅니다. 매순간 최선을 다했던 것 같은데 어느 날 고개를 들어 삶을 바라보니 자기 손으로 행복을 좀먹는 제약들을 만들어두었다는 걸 깨닫고 망연자실해진 중년의 감정 비슷한 것이 곰의 얼굴에 스칩니다.

눈앞의 결과물을 보고 나서야 곰은 깨닫습니다. 이건 자신이 바라던 배의 모습이 아니었다는 걸요. 곰은 친구들을 찾아가 말합니다.

"너희가 나를 도와주고 싶었던 건 잘 알아. 고맙게 생각하고. 그런데 나는 단지 몸이 커진 것일 뿐 좋아하는 것은 똑같아. 나는 이윽고 곰은 뒤로 물러나 배를 바라봤습니다.
'세상에! 이렇게 끔찍한 배라니….'

Et il fabrique une cabine
qu'il installe sur son grand bateau.
Puis, il recule de quelques pas et regarde.
«Oh ! Quel horrible grand bateau !
Le mât penche, le pont gondole
et la cabine est toute de guingois.»

늘 이런 곰이었다고. 이 배는 내가 꿈꾸던 배가 아니야."

그러고는 선실, 상판, 돛대를 모두 떼어낸 뒤 자신이 사랑했던 모습을 되찾은 소박한 배 위에서 눈을 감고 호수의 물결을 가만히 느낍니다. 행복을 느낍니다.

'나는 왜 이렇게 뭐든 미룰까요'라는 고민에서 저는 낮게 깔려 있는 스스로에 대한 실망감을 읽을 수 있었습니다. 다이어트든 영어 공부든 매사 열정적으로 목표를 이뤄내며 살고 싶다, 뭔가 하나 시작하면 끝을 보고 싶다는 기대감이 있는데 현실의 자신이 그걸 채워주지 못해 실망감을 느끼고 있는 것처럼 보였습니다. 그런데 질문하고 싶습니다. 열정을 계속 불사를 수 있는 분야들만 한 번에 콕콕 집어내는 게 가능한 일인가요? 실망하는 경험 없이 자신이 진짜 좋아하는 게 뭔지 아는 것이 정말로 가능한가요?

해보기 전에는 자신의 욕망이 진짜 자기 것인지, 주입받은 쭉정이 욕망인지 골라내기 어렵습니다. 하지만 한번 해보면 순식간에 압니다. 분명 해보기 전에는 진짜 좋아하는 일이었는데 막상 해보니 평가가 바뀌는 경우도 허다합니다. 그건 변덕이 아닙니다. 그저 과정인 거죠. 《커다란 곰의 커다란 배》의 주인공 곰이 '이건 내가 바라던 배가 아니다'라는 것을 깨닫게 된 건 다른 사람의 말을 따라 했다가 실망한 경험을 했기 때문입니다.

다이어트를 하다 말고, 영어 공부를 미루고, 카메라를 방치해놓은 자신을 보면서 실망할 게 아니라 살을 빼고 싶다, 영어를 잘해야 한다, 사진을 잘 찍고 싶다는 그 욕망들이 진짜 내 것이었는지를 반문하는 기회로 삼으면 어떨까요. 다들 그렇게 한다고 하니까, 요즘은 그래야 한다고 하니까 당연하게 내면화해버린 건 아닌지 스스로 질문해보면 답을 찾을 수 있으리라 생각합니다.

이런 맥락에서 실망이라는 감정은 그리 나쁘기만 하지 않습니다. 나라는 사람의 진짜 알맹이를 알아가는 데 필요한 커다란 힌트가 그 안에 숨어 있기 때문입니다. 실망감 앞에서 취해야 할 자세는 포기하기가 아니라 질문하기입니다. '난 왜 이럴까?'라는 질문이 아니라 '난 무엇을 기대했던 걸까?'라고 질문할 때, 실망은 자기 이해의 계기가 될 수 있습니다.

> 실망은 불행이라고 간주되지만 이는 분별없는 선입견일 뿐이다. 실망을 하지 않는다면 우리가 무엇을 기대하고 원했는지 어떻게 발견할 수 있으랴? 또한 이런 발견 없이 자기 인식의 근본을 어떻게 알 수 있으랴? 그러니 실망이 없이 자기 자신에 대한 명확함을 어떻게 얻을 수 있으랴?
>
> _《리스본행 야간열차》, 파스칼 메르시어, 들녘

Quand le soleil brille, il se couche, ferme les yeux et écoute les secrets que lui chuchote l'eau du lac.

곰은 두 눈을 감고 호수가 소곤대며 들려주는
비밀 이야기에 귀 기울입니다.
햇살이 빛나고 곰은 잠이 듭니다.

13
나도 모르게
어리광이 튀어나와요

내 안의 아이를 풀어 놓는 법

to. 에디터C
평소에 저는 사람들과 저 사이에 선을 긋고 그 선을 잘 넘어가지 않아서 차갑다는 인상을 주는 편입니다. 하지만 가까운 사람 앞에서는 아이로 돌변합니다. 무례하게 굴면 상대방이 싫어할 걸 알면서도 무조건 나를 좋아해달라는 마음이 가득해서 요구가 받아들여지지 않으면 서운하고 화가 나요.
며칠 전에는 남편이 싫어하는 게 보이는데도 자꾸만 뭔가를 조르다 크게 싸우고 말았어요. 이런 저를 보면서 구제불능이라는 생각도 들었습니다. 이런 제 본모습을 싫어할까 봐 새로운 사람에게는 마음을 못 열겠고 인간관계도 많이 좁은 편이에요. 스프링이 튀어나올까 봐 꾹꾹 누르며 살기가 이제는 정말 힘듭니다. 자연스럽게, 무리하지 않고 사람들과 편안하게 지낼 수는 없을까요?

◆
나의 작은 인형 상자
정유미 글·그림
컬처플랫폼

정유미 작가는 연필로 오랜 시간 정성을 다해서 그려낸 흑백 세밀화들로 그림책을 짓습니다. 현실에서 얼마든 만날 수 있을 법한 인물, 배경, 사건을 연필 하나만 사용해 사실적으로 묘사하는데 결과적으로 그림 속 세상은 어느 차원에도 속하지 않는 듯 낯설게 느껴집니다. 그림체는 이질적이지만 그 안에 담긴 고민과 감정은 친숙합니다. 진도가 더딘 연필이라는 도구로 같은 자리를 사각사각 수백 번 덧칠하는 작업 방식은 마음의 문제를 다루는 작가의 태도를 짐작케 합니다. 받아들이기 힘든 나, 부인하고 싶은 나에 걸려 넘어져서 수백 번 제자리걸음 하는 듯 보여도 종국에는 완성도 높은 한 장의 그림을 완성하듯 빛나는 자기 이해의 순간과 만날 수 있다는 믿음을 독자에게 전해줍니다.

◇◇◇◇

사연을 읽다가 비슷한 고민을 했던 20대 초반에 자주 들었던 문장이 기억 저 아래에서 수면 위로 떠올랐습니다.

"너는 무슨 일이든 참 똑 부러지게 하는구나. 네 앞에서는 실수하면 안 될 것 같아."

당시 제 대외적 이미지는 '차갑다', '다가가기 어렵다'였어요. 회사 선배로부터 "너는 실수를 너무 안 해서 걱정이다"라는 말을 들을 정도로 자기 통제를 잘하고 매사 정확했습니다. 인정 욕구가 일상을 점령한 결과였습니다. 꾹꾹 눌러둔 두려움, 스트레스, 막막함 같은 부정적인 감정은 당시 사귀던 남자 친구에게만 표출했죠. 그런데 그게 얼마나 아이 같은 방법으로만 표현이 되던지요. "잘했다, 네가 맞다"고 해주지 않으면 토라지고, 상대가 불편하든 말든 제 기분을 맞춰주는 게 최우선이라 생각하고 이런 욕구가 채워지지 않으면 화를 내는 식이었습니다. 그렇게 응석을 부리면서도 "세상에서 유일하게 너에게만 이런 모습을 보인단 말이야. 그만큼 네가 각별해서 그러는 거야"라며 상대방의 마음을 약하게 만들고 제 유아적인 태도를 정당화하려고 했어요.

돌이켜보면 저는 늘 그 친구의 동의를 받으려 했던 것 같아요. 제 생각과 감정에 확신이 없으니까 자꾸 확인을 받는 거죠. 정체가 모호한 감정들, 예를 들면 불안이나 질투, 괜스레 솟아오른 짜증이 일면 더욱 예민하게 굴었습니다. 그때 저는 남자 친구가 무조건 긍정적인 답을 주길 기대했어요. "난 그렇게 생각 안 하는데?", "왜 그렇게 했어. 다음엔 그러지 마", "내가 원하는 건 그게 아냐" 같은 부정적인 신호가 오면 엄마에게 버림받은 아이처럼 슬프고 서럽고 우울해졌어요. 그의 입장에서는 정당한 반응과 거절인데도 마음에 화상이라도 입은 듯 펄쩍 뛰면서 무작정 떼를 쓰고 졸랐습니다. 해결하지 못한 채 덮어두었던 결핍과 거절에 대한 두려움이 무의식중에 남자 친구를 대체 엄마(보호자)로 만들었고, 전 그 안에서 어리광으로 허기를 채우려 했습니다.

떼쓰는 아이를 마주하고 가장 괴로운 상황은 아이의 고집이 도대체 무엇을 위한 고집인지 도저히 파악이 안 될 때입니다. 자기 기분을 말로 표현하는 방법을 잘 모르는 아이들은 "아, 나도 몰라", "그냥", "아무거나" 같은 퉁명한 말을 툭툭 뱉습니다. 그러면서 마음을 몰라준다고 서러워하고 화를 내기도 하죠.

그렇게 스스로를 고립시키고 세상에 나를 사랑하는 사람은 아무도 없다며 자기 연민에 빠지기도 합니다. 자기도 파악하지 못한 마음을 상대방에게 맞혀보라며 문제를 내주고, 상대방이 머뭇거리거나 동조해주지 않으면 단박에 불쾌해하죠. 이런 태도를 한 겹 벗겨내면 다음과 같은 본심에 도달하게 됩니다.

'내가 왜 이런 기분을 느끼는지 잘 모르겠지만 어쨌든 이건 내 탓이 아니다. 나는 희생양이다.'

굉장히 의존적인 생각이지요. 사연에서 이런 본모습을 싫어할까 봐 두렵다고 했죠. 그래서 인간관계도 좁다고요. 그런 두려움 역시 자기 연민이 만들어낸 기만일 수 있어요. '나의 이런 모습까지 사랑해줄 수 있는 사람은 없을 거야'라고 슬퍼하며 주저앉기로 한 선택을 가만히 들여다보세요. 본모습이 어떻든 나는 무조건 사랑받아야 한다는 기대, 어쨌거나 나는 원래 자리에서 꼼짝 않겠다는 고집이 그 안에 있지는 않나요? 같이 있기 피곤한 떼쟁이 연인이나 친구를 슬금슬금 피하고 싶은 건 당연한 심리입니다. 그런 사람과 시간을 오래 보내면 영혼이 폭삭 늙는 기분이 드니까요. 부족한 자존감을 위로로 채워주느라 감정 노동도 하게 되고요.

어리광 많은 본모습 때문에 깊은 관계를 맺지 못할까 걱정이라면 그 본모습을 내 힘으로 개선하겠다고 결심하세요. 우린 그럴 수 있는 어른이고, 그 일을 할 수 있는 건 본인밖에 없으니까요. 정유미 작가의 《나의 작은 인형 상자》가 그 과정에 도움이 되길 바랍니다.

정유미 작가는 애니메이션 감독으로 작가 활동을 시작했습니다.

우진은 얼른 놀이 터를 빠져나왔어요.
세 명의 여자 아이들이
궁금한 표정으로 우진을 바라보고 있었죠.
"그 상자는 뭐야?"

그날 밤 우진은 오랜만에 마주한 모지 옛 아이를 훔쳐봤어요.

세계 4대 애니메이션 영화제인 자그레브 영화제에서 한국인 최초로 대상을 받는 등 유력 영화제에서 실력을 인정받았고, 그림책 분야에서는 한국인 최초로 볼로냐 아동도서전에서 2년 연속 수상한 경력이 있습니다. 《나의 작은 인형 상자》와 전작 《먼지아이》 그리고 최근작 《연애놀이》 모두 원작 애니메이션을 책으로 재해석한 작품들인데 연필 하나로 오랜 시간 정성을 다해서 그려낸 흑백 세밀화가 독특한 정서를 자아냅니다. 세 작품 모두 작가가 자신의 내면을 오랫동안 들여다본 후 얻은 깨달음을 담고 있고요.

세밀화 표현 방식은 마음의 문제를 다루는 정유미 작가의 섬세한 끈기를 잘 설명합니다. 진도가 참 더딘 연필이라는 도구를 선택해 같은 자리를 사각사각 수백 번 덧칠하며 그림을 완성하는 방식은, 매번 비슷한 문제로 고민하고 같은 자리에서 넘어지면서 조금씩 자신의 마음을 이해하게 되는 내면의 성장 방식과 어딘지 비슷해 보입니다.

《나의 작은 인형 상자》는 작가의 어린 시절 경험에서 탄생했습니다. 인형을 가지고 놀다가 친구들이 보여달라고 몰려들자 상자를 닫아버린 기억을 떠올리며 만든 작품이라고 해요. 책의 주인공인 '유진'에게도 인형의 집이 있습니다. 거울 달린 화장대가 있는 침실, 냉장고가 있는 주방, 소파가 있는 거실이 딸린 집입니다. 유진은 인형을 가지고 놀고 있습니다. 길을 가던 친구들이 그 모습을 보고 유진 앞에 섭니다.

유진은 부끄러움을 느끼고 상자를 닫아버립니다. 집으로 돌아와 혼자 침대에 누워 생각에 잠긴 유진의 내면에서 갈등이 시작됩니다. 집 안에서 벗어나 새로운 세상을 느끼고 싶다는 욕구와 지금 이대로가 편하고 좋다는 반발. 유진은 새로운 세상을 더 느끼기로 결심하고 옷을 챙겨 입습니다. 용기를 냅니다.

보호막을 벗고 세상과 부딪히겠다고 결심했을 때 언제나 우리를 가로막는 건 불안과 걱정, 두려움이 만들어내는 내면의 목소리입니다. 변화를 결심한 것도 나 자신의 마음이고 그걸 가로막는 것도 나 자신의 마음인지라 '도대체 내가 원하는 건 뭐지?' 하며 더 혼란스러워지죠.

정유미 작가는 주인공 유진이 세상 밖으로 나오는 과정에서 마주한 내면의 불안을 세 명의 인물로 표현했습니다. 화장대 앞에서 거울을 보고 있는 여자, 집안일에 대한 책임감에 주방을 떠나지 못하는 여자, 신문을 읽으면서 "네가 바깥세상이 얼마나 험한지 몰라서 그래"라고 훈계하는 남자. 세 인물을 만나 유진은 그들의 이야기를 가만히 듣습니다.

"예쁘게 하고 가야 사람들이 널 좋아하지."
"지금 내가 움직이면 모든 게 무너질지도 몰라."
"세상은 너가 생각하는 것처럼 그렇게 만만하지 않아."

이렇게 불안을 부추기던 인물들은 종국에는 모두 유진의 얼굴로 바뀝니다. 불안들이 다른 어디에서 온 게 아니라 결국 내 안의 목소리라는 걸 인식한 후 유진은 신발을 고쳐 신고 문을 열고 바깥으로 나갑니다. 처음에 등장한 세 명의 친구들 앞에서 인형 상자를 열어 보이며 "안녕" 하고 먼저 인사를 건넵니다.

이 책은 우리가 두려움이라고 뭉뚱그려 말하는 감정 안에 얼마나 세세한 결이 있는지 보여줍니다. 감정을 덩어리째 받아들이면 어떻게 대처해야 할지 막막해집니다. 하지만 쪼개서 보면 이해 못 할 것도 없습니다. 마음의 결을 펼쳐서 자세히 보는 작업이 중요한 이유는 그렇게 하면 내 감정을 '이해'할 수 있고, 이해하고 나면 '자유'로울 수 있기 때문입니다.

마냥 어리광을 피우면서 기대고 싶다는 마음 역시 세세하게 펼쳐놓고 보면 아주 다양한 목소리들이 혼합된 결과일 겁니다. 뭉뚱그리지 말고 펼치세요. 자신의 마음 속 결들을 읽어보세요.

숨어서 꿈을 엿어 보았어요

"응 왜나 나가니."
"너의 외로 예쁘게 하고 가서 사진찍이 남 좋아해요."

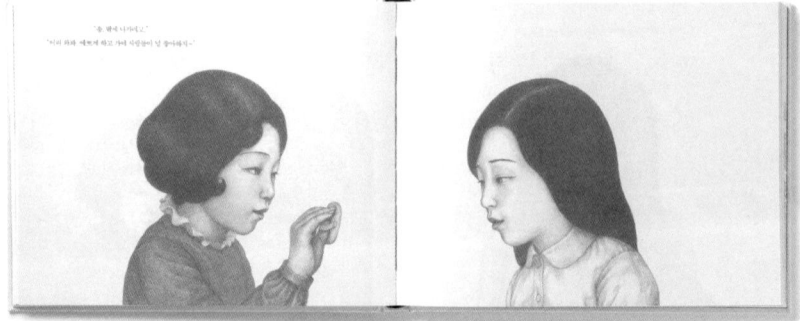

"지금 내가 출국이면 모든 게 무너질게도 몰라."

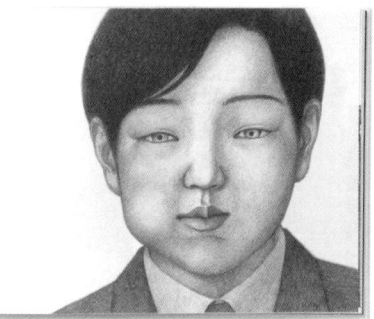

아침이 밝 안에서 오며 아기 같은 그의 물렁한 마음을 단단히 다져야 갈비요.

14

감정을 드러내도 될까요

착하고 예쁘지 않아도 소중한 나

to. 에디터C
어릴 때부터 저는 부모님에게 늘 같은 이유로 혼났습니다. 기분대로 굴지 말고 말을 예쁘게 하라고요. 초등학생 때 엄마 친구가 집에 놀러오면 저는 그날이 혼나는 날이라고 생각했습니다. 손님이 가고 나면 늘 제가 손님 앞에서 기분 조절을 못 했다고 혼났기 때문입니다. 그래서인지 저는 혼자 있는 게 더 좋았습니다.
제 태도를 고치려고 부모님은 20년간 노력했지만 여전히 불쑥불쑥 이상한 행동이 튀어나와서 엄마와의 갈등이 점점 커지고 있습니다. 얼마 전 엄마가 보낸 문자 메시지가 너무 딱딱하게 느껴져 "나한테 명령조로 말하지 마"라고 했더니 10일 만에 이런 답장을 받았습니다.
'네 안의 열등감과 피해의식은 다른 누구도 아닌 바로 너 스스로 만든 거다. 난 그걸 해결하기 위해 누구보다 노력했다. 착한 마음, 예쁜 말. 20년 내내 너에게 강조한 건 이거 하나다. 이걸 못 하면 너는 결코 행복할 수 없다. 누구도 널 사랑하지 않을 거다. 지금까지는 내 자식이 엉뚱한 길로 가면 안 된다는 의무감 때문에 너를 끌고 왔다. 너도 이제 남부럽지 않은 대학생이 되었다. 이건 내 작품이라고 자만한다. 적어도 명문대 대졸 이력서는 가질 테니 더 이상 힘들게 끌고 가지 않겠다. 네 인생이니까.'
이 문자를 받고 가족이 순식간에 사라져버린 것처럼 외로웠어요. 일도 손에 잡히지 않고 울고만 있습니다. 저는 밝고 긍정적인 모습만큼 슬픔이나 화 같은 부정적인 감정도 소중하다고 생각합니다. 하지만 제가 감정을 솔직히 드러낼 때마다 주변 사람들이 힘들어합니다. 그 반응이 부메랑처럼 돌아와 저를 찌르는 기분이에요.

◆
방긋 아기씨
윤지회 글·그림
사계절

크고 화려한 궁궐에 살지만 마음 둘 곳이 없어 늘 혼자였던 왕비에게 큰 선물이 찾아옵니다. 아기씨는 왕비의 가장 소중한 존재가 됩니다. 그러나 아기씨는 태어난 이후 한 번도 웃은 적이 없습니다. 왕비의 걱정은 커져갑니다. 어떻게 하면 아기씨를 웃게 할 수 있을까요.

◇◇◇◇

 보내준 사연을 여러 번 읽었습니다. 의심받지 않는 한 가지 전제가 그 안에 있더군요. '나는 감정적이고 성급하다. 기분 조절을 못 해서 늘 우왕좌왕한다. 그래서 내가 입을 열면 사람들이 힘들어한다.' 한 가지 말씀드려도 될까요. 적어도 저는 이야기를 듣는 동안 힘들지 않았습니다. 기분이 안 좋으면 말수가 적어지고 기분이 좋으면 한없이 방방 뜨고 좋아하는 태도가 문제라면 저 역시 고쳐야 할 사람입니다.

 어릴 때 양육자로부터 일상 속 사소한 행동 하나하나를 지적받으면서 형성된 자기 인식 틀이 있는 경우 자신이 그런 틀을 가지고 스스로를 바라보고 있다는 사실을 알아차리는 건 어렵습니다. 대신 별것 아닌 행동에도 왜곡된 자기 인식을 강화하는 쪽으로 생각이 흘러갑니다. '이것 봐. 또 그랬어. 내가 그렇지, 뭐'라고 말하는 내면의 목소리가 자동적으로 재생되는 거죠. 거리를 두고 한번 생각해보세요. '세상 모든 사람이 솔직한 내 이야기를 버거워할 거란 생각은 어디에서 왔지? 과잉된 감정 표현으로 실제 타인에게 해를 끼친 적이 있었나?' 질문해보는 시간을 가졌으면 합니다.

한 가지 말씀드리면 저는 전문적인 심리상담가가 아니고 '나라면 어떨까?' 상상하고 감정이입하면서 이야기를 들으려 노력하는 사람일 뿐입니다. 앞으로 제가 하는 말을 한 사람의 의견 정도로 가볍게 들어주면 좋겠습니다.

어머니는 따님을 '내 작품'이라고 하셨지만 저는 이 의견에 반대합니다. 미성년인 어린이도 하나의 독립된 인격입니다. 하물며 스무 살이 된 성인이 누군가 의도를 갖고 주무른다고 그대로 만들어질까요? 작품이라는 표현 안에 숨어 있는 '내가 너를 빚었다'는 전제가 저는 좀 무섭기까지 합니다.

우리 마음에 어떤 감정이 피어올랐다면 타인에게 받아들여지는지의 여부와 상관없이 그 감정은 우리에게 진실입니다. 행동에는 옳고 그름이 있을지 몰라도 감정에는 옳고 그름이 없습니다. 긍정적인 감정이든, 부정적인 감정이든 내 마음에 일단 자리 잡았다면 그건 내 것입니다.

물론 감정을 타인 앞에서 표현해서 벌어지는 일들에 대해 책임지는 법 역시 배워야 합니다. 그러나 책임지는 법을 배우려면 먼저 자기감정에 솔직해져야 하고 그것이 내 안에 있다는 사실을 인정해야 합니다. 주변 사람들이 싫어하니까 감정을 들여다보지도 않은 채 무작정 없애려고 노력한다면 자기의 일부를 이해하지 못한 채 방치하는 거라고 말씀드리고 싶어요.

　어머니가 강조하신 '착한 마음, 예쁜 말'을 싫어하는 사람은 아마 없을 겁니다. 사회생활을 하다 보면 웃기 싫어도 웃어야 할 때가 있고 혼자서 감정을 꿀꺽 삼켜야 할 때도 있으니까요. 왜 그런 말씀을 하셨는지는 이해가 됩니다. 저는 여기에 한 가지 중요한 사실을 덧붙이고 싶어요. 대단히 착하지 않아도, 대단히 예쁘게 말하지 않아도 스스로에게 진실한 사람은 그 나름의 매력으로 누군가와 깊은 교감을 할 수 있습니다. "착한 마음, 예쁜 말 없이는 결코 행복할 수 없고 누구도 너를 사랑하지 않을 거다"라는 어머니 말씀은 너무 단정적입니다. 부디 그 안에 갇히지 마세요. 당신은 당신 나름의 방법으로 행복을 찾아나갈 수 있고 사랑도 배워나갈 수 있습니다. 어머니와 자녀의 관계를 다룬 여러 그림책 가운데서도 독보적으로 뛰어난 통찰을 담고 있는 윤지회 작가의 《방긋 아기씨》를 통해 그 실마리를 풀어보겠습니다.

　이야기는 한 왕비의 모습에서 시작합니다. 크고 화려한 궁궐에 살지만 마음 둘 곳이 없어서 늘 혼자인 것처럼 느끼는 왕비입니다. 그녀에게 큰 선물이 찾아옵니다. 바로 예쁜 아기씨가 태어난 거죠. 왕비는 아기씨를 위해 뭐든지 해주고 싶었습니다. 하루 종일 아기씨만 쳐다보면서 곁을 떠나지 않았어요.

　그러던 어느 날, 왕비는 아기씨가 태어나고부터 한 번도 웃은 적

굴이면 웃도
맛있는 음식도
우스팡스러운 공연도
소용이 없었어요.

아기씨는 웃지 않았어요.

이 없다는 사실을 깨닫습니다. 걱정에 사로잡힙니다. 아기씨를 웃게 하기 위해 특별한 선물을 하기로 마음먹습니다. 일류 재단사를 불러 솜사탕처럼 보드라운 천에 비단실로 꽃수를 놓아 아기 옷을 지었습니다. 하지만 값비싼 옷에도 아기씨는 웃지 않습니다. 일류 요리사를 데려와 왕비가 지금껏 먹어본 것 중에 가장 맛있었던 음식만 골라 한 상을 차려냅니다. 하지만 아기씨는 웃지 않고 왕비만 말똥말똥 쳐다봅니다. 이름난 광대가 동원됩니다. 우스꽝스러운 공연을 펼쳐도 아기씨는 왕비만 쳐다봅니다.

'아기씨가 통 웃질 않는다더라'는 소문이 궁궐 밖으로 흘러나갑니다. 엉엉 울던 사람도 깔깔 웃게 만드는 신통한 비법을 가졌다고 자부하는 의사 카르가의 귀에까지 소문이 들어가죠. 왕비는 카르가에게 아기씨의 치료를 맡깁니다. 카르가는 깃털을 아기씨 코에 대고 문지르면서 주문을 외웁니다. 그 순간 아기씨가 으앙 하고 울음을 터뜨립니다. 왕비가 어르고 달래도 울음을 그치지 않습니다. 왕비는 화가 나 "저 돌팔이를 당장 가두어라!" 명령하는데, 카르가 다급해진 나머지 마법 깃털을 왕비의 코에 대고 문지릅니다. 그러자 왕비는 마법에 걸려 웃음보가 터져버립니다. 눈물이 줄줄 흐를 때까지 웃고 또 웃습니다.

이 모습을 아기씨가 말똥말똥 쳐다봅니다. 아기씨의 두 눈동자 안에 한가득 엄마의 웃는 얼굴이 담깁니다. 아기씨는 그제야 방긋 웃습니다. 엄마가 웃자 아이도 웃습니다.

이 책은 그림책 좋아하는 엄마들 사이에서 눈물 빼는 책으로 유명합니다. 아이에게 뭐든 해주고 싶어서 좋다는 것을 찾아 헤매느라 잔뜩 신경이 날카로워져 정작 중요한 일을 뒤로 미뤘다는 깨달음을 얻기 때문입니다. 아이를 웃게 하는 건 값비싼 옷이나 명품 장난감이 아니라 엄마의 행복이라는 점을 아프게 일깨우는 책이죠.

왕비는 웃지 않는다는 걸 아기씨 문제로 받아들였습니다. 아기씨가 자신의 표정을 보면서 따라 하고 있다는 생각은 하지 못했습니다. 웃지 않는 건 결국 자신의 문제였습니다. 우리는 자주 이런 오류를 저지릅니다. 내 안에 있으나 내가 대면하기 싫은 어떤 모습을 타인에게 투사해 '저건 저 사람의 문제'라며 거리를 두려고 합니다.

글을 쓰기 위해 《방긋 아기씨》를 다시 여러 번 읽으면서 생각했습니다. 사연 속 어머니에 대해, 어머니가 '착한 마음, 예쁜 말'을 입버릇처럼 강조할 수밖에 없었던 이유에 대해서요. 어머니가 지금껏 억지로 삼켰을 감정과 외로움에 대해 생각했습니다. 아마 어머니도 외딴 성에서 마음 둘 곳 없다고 느꼈던, 늘 혼자인 것만 같았던 이 왕비와 비슷한 마음이었겠구나 싶었습니다.

스무 살이 되었으니 이제 성인으로서의 시간이 펼쳐질 겁니다. 성인이 된다는 건 부모를 한 사람의 인격체로 이해하기 시작한다는 뜻이기도 합니다. 엄마에게도 나의 엄마이기 이전의 시절이 있었음을 알고, 그 시절의 엄마에 대해 궁금해하고, 그녀가 지닌 마음의 상처를 들여다볼 줄 아는 것이 어른이 되는 일이라고 믿습니다.

쉽지 않겠지만 한번 어머니에게 이야기해달라고 말해보세요. 어린 시절에 어떤 아이였는지, 외할머니와 외할아버지는 어떤 부모였는지, 가장 속이 상했을 때가 언제였는지, 내가 태어나기 전 엄마에 대해 이야기해달라고요. 이런 질문이 낯간지러울 수 있지만 엄마도 어머니라는 역할 외에 다른 스토리와 다면성이 있다는 사실을 기억해낼 필요가 있습니다. 엄마도 나처럼 상황에 따라 상처받고 흔들리는 불완전한 영혼이라는 사실을 조금 멀리 떨어져서 바라보는 겁니다. 왜 어머니가 '착한 마음, 예쁜 말'을 그토록 강조하는 사람이 되었는지 이해하게 된다면 속에 꽉 차 있던 힘든 마음이 압력솥에서 김이 빠져나가듯 편안해지지 않을까요.

마지막으로 《방긋 아기씨》를 볼 때 꼭 눈여겨봤으면 합니다. 이야기가 시작되기 전, 속표지에 적힌 작가 소개글 아래 윤지회 작가가 남긴 한 줄의 헌정사입니다.

엄마가 웃을 때까지 기다리지 못한 딸이 엄마에게 드립니다

우리가 아이일 땐 엄마가 우리를 향해 웃어줄 때까지 기다려야 했습니다. 엄마를 웃게 하기 위해 먼저 이해의 손을 내밀거나 먼저 웃어 보일 수 있는 어른이 이제는 되었습니다. 어른 대 어른으로 엄마를 다시 만나보세요.

왕비님은 웃고 웃고 웃었어요.
어찌나 웃었는지 나중에는 눈물까지 흘렸어요.

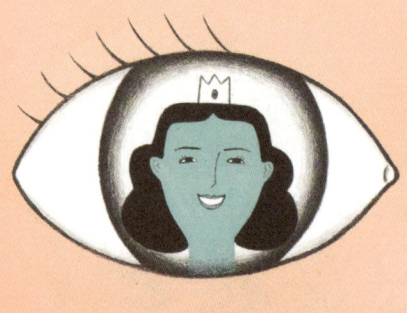

아기씨가 가만히 왕비님을 바라보았어요.

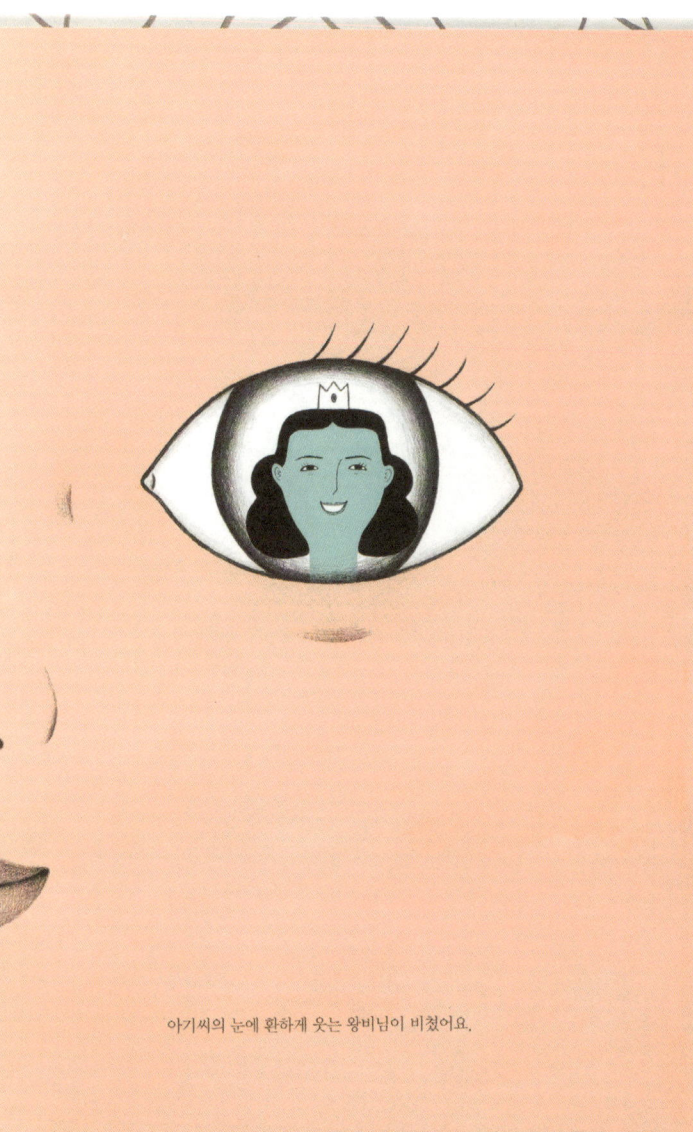

아기씨의 눈에 환하게 웃는 왕비님이 비쳤어요.

15

옛 연인에게
미련이 남아요

오직 상처를 통해서만 시작되는 새로운 삶

to. 에디터C

제겐 안 좋은 버릇이 있어요. 무엇이든 지나고 보면 항상 아쉽고 미련이 남아요. 아쉬움 때문에 현재에 충실하지 못하고 지난 일들을 추억하고 그리워하다가 지금 제 옆에 있는 사람에게 소홀해지고 상처를 줘요.

20대 초반 풋풋한 첫사랑을 거쳐 그저 그런 남자도 만나봤고 착하거나 못된 남자도 여럿 만나봤어요. 못된 남자는 절 아프게 했고 착한 남자는 제가 아프게 했죠. 그런데 지나고 보면 어찌 되었든 항상 미련이 남아요. 미련은 집착을 낳아서, 헤어지고 나면 옛 연인에게 의문의 문자를 남겨요. 지금 남자 친구가 있어도 지나간 사람에 대한 마음 정리가 안 돼서 항상 옛 연인을 찾죠. 그러다 보면 지금 제 옆에 있는 사람에게 상처를 주고 떠나보내고, 다시 미안함과 미련이 남아요. 과거와는 정중히 안녕하고 현재를 충실히 살면서 곁에 있는 사람을 소중히 여길 방법이 없을까요?

◆
무릎딱지
샤를로트 문드리크 글
올리비에 탈레크 그림
이경혜 옮김
한울림어린이

아이의 무릎에 상처가 납니다. 처음에 피가 흐르던 상처 위에 며칠 뒤 딱지가 앉습니다. 아이는 딱지를 떼어버립니다. 다시 피가 흐릅니다. 상처가 완전히 치유되어 새살이 돋는 것이 두려워 딱지가 앉기만 하면 떼어내고 또 떼어냅니다. 간절히 바라는 것이 있기 때문입니다. 자학적으로 보이는 행동 안에 숨은 바람을 엿듣게 되는 순간 뜨거운 눈물이 쏟아집니다. 아이는 과연 깊고 진득한 슬픔의 늪에서 빠져나올 수 있을까요? 아이가 상처를 치유해 가는 과정을 따라가다 보면 어느새 읽는 사람의 마음에도 정화 작용이 일어납니다.

◇◇◇◇

 삶은 상실의 연속입니다. 작은 일에도 까르르 웃음이 터지던 관대한 동심, 유년기의 배경이 되어주었던 5층짜리 주공아파트, 크면 집을 지어 함께 살자고 약속했던 단발머리 단짝 친구, 나를 "아이고, 우리 강아지"라고 불렀던 할머니 품에서 나던 싸리 빗자루 냄새, 감정의 더듬이를 한시도 뗄 수 없게 만들었던 옛사랑의 눈길…. 분명 곁에 있었던 것들인데 시간이 흐르며 필연적으로 사라집니다. 시간은 직선으로 흘러 다시 돌아오지 않습니다. 우리는 어제를 상실했습니다. 산다는 건 '매일 이별하는' 것이라던 노래 가사처럼.
 애착은 삶을 풍요롭고 즐겁게 만들어주는 중요한 향신료입니다. 마음을 다해 소중하게 여기는 대상이 없다면 삶은 무척 단조롭고 퍽퍽할 거예요. 하지만 잃어버리면 최악의 고통을 가져오는 것이 바로 이 애착의 대상입니다. 사람이든 물건이든 마찬가지입니다. 애정을 쏟을 대상을 선택할 자유는 우리에게 있지만 애착의 경험 그 자체는 우리가 선택할 수 있는 성질의 것이 아닙니다. 뭔가를 아끼고 좋아하게 되는 건 어쩔 도리가 없는 영혼의 순리입니다. 그로 인해 모든 사람은 상실의 상처를 경험할 수밖에 없습니다. 이미 치유된 것일 수도 있고 막 곪아가는 것일 수도 있고 거의 잊어가는 것일 수도 있지만 모든 사람은 어떤 의미에서는 상처와 함께 살아갑니다. 그리고 그것을 극복해 기어코 삶을 이어가도록 요구받죠.

《무릎딱지》의 주인공 '나'의 상처는 엄마의 상실에 기인합니다. 책은 이런 문장으로 시작합니다.

> 엄마가 오늘 아침에 죽었다.
> 사실은 어젯밤이다.
> 아빠가 그렇게 말했다.
> 하지만 난 밤새 자고 있었으니까
> 그동안 달라진 건 없다.
> 나한테 엄마는 오늘 아침에 죽은 거다.

함부로 위로조차 건네기 힘든 거대한 상실을 맞닥뜨린 아이의 내면을 은유하듯 그림책 속 아이의 집은 온통 빨갛게 그려져 있습니다. 상처의 색, 고통의 물감.

엄마의 죽음이라는, 아이들 입장에서는 가장 커다란 공포일 이 소재를 다루는 그림책이 드물기도 하지만 그걸 차치하고 봐도 《무릎딱지》는 몹시 대범합니다. 죽음에 대해 함부로 가르치려 하지도 않고 상실의 슬픔을 극적 장치로 이용해 신파 드라마를 찍지도 않죠. 아이들 책이라고 감추지도 더하지도 않고 생의 속성을 온전히 담아냅니다. 어린이를 동등한 인격체로 존중하는 태도를 독자가 충분히 느낄 수 있을 정도입니다.

《무릎딱지》 속 '나'는 슬픔에 빠져 있을 겨를이 없습니다. 아빠를 돌봐야 하기 때문입니다. 아빠는 젖은 수건처럼 눈물을 뚝뚝 쏟고 있고, 엄마가 하듯 아침 빵을 맛있게 만들 줄도 모릅니다. 혼자 슬픔을 견뎌내기 위해 아이는 모든 것을 닫아버립니다. 엄마 냄새가 새어나가지 않도록 집 안의 창문들을 꼭꼭 닫고, 자신 안에 남아 있는 엄마 목소리가 새어 나가지 않도록 귀를 막고 입을 다뭅니다.

그러던 어느 날, 자신의 몸이 조금이라도 아프면 마음 안에서 엄마 목소리가 들려온다는 걸 알게 됩니다. 아이는 마당에서 넘어져 무릎에 생긴 딱지를 손톱 끝으로 긁어서 뜯어내기 시작합니다. 아픈 건 싫지만 그렇게 하면 엄마 목소리가 또 들려오니까 다시 상처를 내서 피를 냅니다. 그렇게 해서라도 엄마를 기억하려 합니다. 이 대목은 읽어 넘기기가 참 힘들어요. 읽을 때마다 목울대 근처가 먹먹해지거든요. 자신에게 상처를 내서라도 예전의 관계, 상실이 생기기 이전의 상태에 머물고 싶어 하는 아이의 간절함이 묵직한 통증으로 다가옵니다.

할머니는 나보다 더 잘 알 게 분명하다.
할머니는 엄마의 엄마니까, 그러니까 할머니 딸이 엄마일 것이다.
나는 정말 무섭다. 내가 아무리 애써도 말마를 완전히 잊게 될까 봐.
그래서 나는 말한다. 큰 힘을 다해 말한다.
온몸이 초능력놀이를 때까지, 내 심장의 쿵쿵 뛰어서 숨 쉬는 게 버릇 때까지,
심장이 터지기 직전까지.
그러면 저 엄마가 내 가슴 속에서 아주 세게 북을 치고 있는 것만 같다.

할머니는 아빠에게 방에 지그재그로 꿀을 바르는 걸 가르쳐 주신다.
아빠는 뭐 말하지는 못했지만, 나는 아빠한테 아무 말도 하지 않았다.
아빠가 더 잘하게 하려면 아빠를 격려해 줘야 하니까.

사랑하는 사람을 잃었을 때 우리가 보이는 반응을 프로이트는 우울과 애도 두 가지 개념으로 설명했습니다. 우울은 대상과 자신을 동일시해서 상실을 인정하지 못한 채 자신에게 해를 가하는 상태입니다. 사랑하던 대상으로부터 버림을 받았다는 느낌, 그로 인해 갖게 되는 양가감정(사랑하지만 나를 떠났기에 미운), 상실이라는 사건이 벌어지는 데 스스로 일조했다는 죄책감이나 후회 등 여러 감정을 외부로 표출하지 못하고 무의식적으로 자기 자신에게 화살을 돌려 자신을 파괴하는 상태가 우울이라고 설명하죠.

반면 애도는 사랑하던 대상이 사라졌다는 사실을 받아들이고, 그에게 쏟았던 에너지를 회수해 점차적으로 상실의 충격에서 벗어나는 의식 작용이라고 설명합니다. 애도는 우울과 달리 자기를 파괴하지 않습니다.

여기에 철학자이자 페미니즘 학자인 주디스 버틀러가 말한 애도의 개념을 덧붙이고 싶습니다. 버틀러는 《불확실한 삶》에서 "자신이 겪은 상실에 의해 자신이 어쩌면 영원히 바뀔 수도 있음을 받아들일 수 있을 때 애도가 일어난다"고 했습니다. 쉽게 말해 순도 100퍼센트의 나라는 건 있을 수 없고 우리는 언제나 타자와의 관계 안에서 나를 만들어갈 수밖에 없습니다. 사랑하는 대상과 타인은 나의 일부라 할 수 있으며 그의 상실로 내가 영원히 변할 수 있다는 사실, 나라는 존재가(나아가 내 곁의 타인들 역시) 그런 취약성을 기반으로 하고 있다는 사실을 받아들일 수 있을 때 비로소 애도가 일어난다는 설명입니다. 제게는 이런 통찰이 너무나 합당하면서도 뭉클하게 다가왔습니다.

놀랍게도《무릎딱지》에 담긴 메시지는 두 철학자가 말한 우울과 애도에 대한 통찰과 그리 멀지 않습니다. 이 책은 '나'가 상실을 겪고 우울의 단계에서 애도의 단계로 건너가는 과정을 담은 이야기라고 볼 수 있습니다.

딱지가 앉기 기다렸다 떼어내는 방식으로 엄마를 잊는 것에 대한 공포를 견디던 아이는 이야기 후반부에서 할머니의 방문을 계기로 애도 방법을 배우게 됩니다. 할머니는 아이의 가슴 위에 손을 올려주며 "여기, 쏙 들어간 데 있지? 엄마는 바로 여기에 있어. 엄마는 절대로 여길 떠나지 않아"라고 말합니다. 할머니의 말을 듣고 아이는 온 힘을 다해 달립니다. 심장이 쿵쿵 뛰어서 숨 쉬는 게 아프게 느껴질 때까지. 그렇게 하면 엄마가 가슴속에서 아주 세게 북을 치고 있는 것 같아서 조금은 안심할 수 있으니까요. 엄마를 심장에 묻은 아이는 천천히 애도를 마치고 성장의 단계로 나아갑니다. 무릎엔 새살이 돋습니다. 알아차리지 못한 사이 딱지가 사라진 것을 발견한 아이는 울고 싶지만 울지 않기로 합니다.

누군가는 동의하지 않을 수도 있지만 저는 상처가 사람을 성장시킨다고 믿는 편입니다. 상처를 통해 겪는 고통의 깊이만큼 성장의 여지도 늘어난다고 생각합니다. 의식의 성장은, 특히 자신에 대한 의식의 성장은 스스로를 낱낱이 파헤쳐보는 고통스러운 과정을 통해 이루어집니다. 별일 없는 평상시에 자학 취미가 있지 않고는 여간해선 자기 자신을 파헤쳐볼 마음을 먹지 않습니다. 하지만 자의와 상관없이 외부의 충돌로 생긴 상처는 스스로를 파헤쳐야만 하는 고통으로 우리를 찾아옵니다. 어쩔 수 없이 피 흘리는 자신을 들여다보게 만드는데, 이 들여다봄의 고통이 의식을 얼마간 성장시키는 거죠.

《무릎딱지》의 아이가 무엇보다 두려워했던 건 잊는 것, 또 잊히는 것이었습니다. 어떤 상실은 쉽게 잊을 수 있지만 어떤 상실은 결코 잊히지 않습니다. 후자의 상실은 상처일 테지만 상처를 통해서만 우리는 마침내 다른 삶을 시작할 수 있습니다.

저녁에 침대에 누워서 손가락으로 무릎을 만져 보니
매끈매끈한 새살이 나 있었다.
이불을 들추고 일어나 자세히 들여다보았다.
딱지는 사라지고 없었다.
나도 모르는 사이 딱지가 저절로 떨어진 것이다.
나는 울까 말까 망설였지만 울지 않았다.

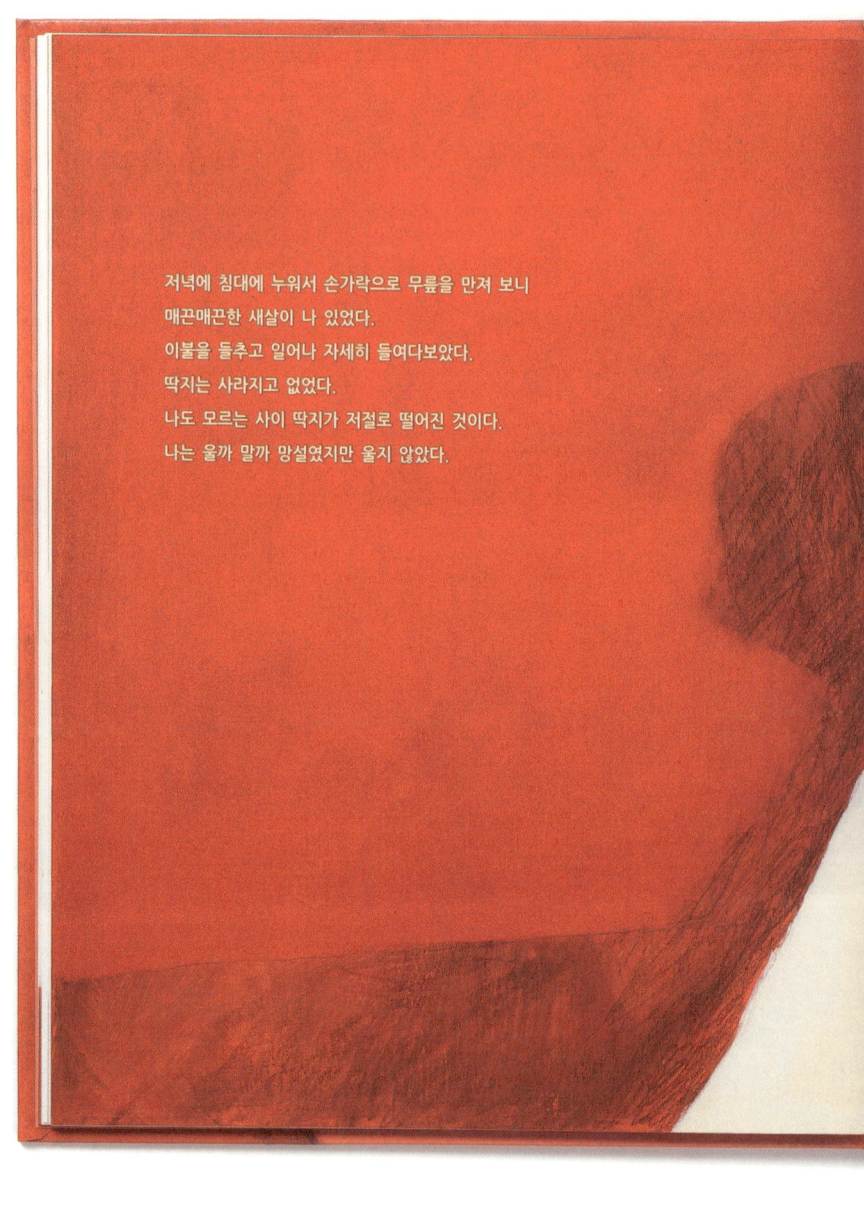

16
매사에 무기력합니다

어떤 일에도 의욕이 생기지 않을 때

to. 에디터C

직장에 다니고 있는 20대 후반 여성입니다. 대학교 때부터 짝사랑했던 선배와 잠깐 사귀다 차이고 3년째 연애를 하지 못하고 있습니다. 교회에서 만나는 남자들은 하나같이 저를 '여자사람친구'로만 생각하는 것 같습니다. 여성스러움이 부족한 외모에 어딜 가나 분위기를 띄워야 한다는 강박이 있어서 남들에게 잘 맞춥니다. 그래서 남자들은 절 편하게만 생각하고 이성으로 대하지 않는데 저도 굳이 이 패턴을 깨고 싶은 생각은 없습니다.

사실 더 큰 문제는 커리어입니다. 작은 잡지사에서 1년짜리 계약직 일을 하고 있는데, 이 분야에서 제가 살아남을 거란 확신이 없습니다. 그렇다고 뭔가 새롭게 알아보고 궁리하는 데 에너지를 쓰고 싶지도 않습니다. 연애와 일 모두에서 의욕이 없고 무기력함을 느낍니다. 어떻게 하면 열정적으로 삶을 꾸려갈 수 있을까요?

◆
마음이 아플까봐
올리버 제퍼스 글·그림
이승숙 옮김
아름다운사람들

한 소녀가 있습니다. 호기심이 많아서 알고 싶은 것도, 말하고 싶은 것도 많았죠. 새로운 발견 앞에서 늘 가슴이 뛰는 아이였습니다. 하지만 어떤 일을 계기로 소녀는 자신의 심장을 유리병 안에 넣어 가두게 됩니다. 마음이 너무 아파서 더 이상 마음을 쓰고 싶지 않았거든요.

상처받고 싶지 않아 스스로 웅크릴 때, 적당히 감당할 수 있는 상황 안에서만 맴돌 때, 불확실성을 피하고 익숙함이라는 보호막 뒤에 머물 때 우리에겐 어떤 일이 벌어질까요. 《마음이 아플까봐》는 그에 대한 이야기입니다.

◇◇◇◇

 새롭고 창의적인 생각을 좋아하시나요? 아마도 많은 분들이 큰 고민 없이 그렇다고 답할 것입니다. 반짝이는 신선한 생각이 구태의연하고 빤한 생각보다 흥미롭다는 데 많은 사람들이 동의할 겁니다. 그런데 '나는 새로운 아이디어를 지지한다'는 확신이 얼마나 허약한지 보여준 실험이 있습니다. 바로 미국의 사회심리학 교수 제니퍼 밀러 Jennifer S. Mueller 가 한 실험입니다.

 밀러 교수는 2012년에 200명의 사람들을 대상으로 불확실한 상황에서 인간이 창의성에 대해 어떻게 느끼고 무엇을 연상하는지 실험했고, 그 결과를 〈반창의성 편향〉The Bias Against Creativity 이라는 논문으로 발표했습니다.

 논문의 골자는 이렇습니다. 사람들은 새로운 생각과 창의적인 아이디어를 지지한다고 입으로는 말하지만 실제로는 무난함이 입증된 과거의 방식을 선호한다는 것입니다. 창의적인 아이디어는 새로운 것이라서 필연적으로 불확실성을 유발하는데, 연구 결과 우리의 무의식은 이런 새로움에 대한 거부 반응이 굉장히 센 것으로 드러났습니다. 심지어 실험에 참여한 사람들은 자기도 모르게 창의적 아이디어를 '구토, 지옥, 고통'vomit, hell, agony 같은 부정적인 단어와 연결시켰다고 합니다.

이미 알고 있는 안전한 세계에 대한 선호는 유구한 시간이 우리 몸에 새겨놓은 일종의 생존 본능입니다. 생각해보세요. 수만 년 전 수렵 채집 사회에서 처음 본 열매를 의심 없이 먹어치우거나 모르는 동물에게 손도끼를 들고 경계심 없이 달려들었던 사람들은 분명 살아남기가 힘들었을 겁니다. 우리에게 유전자를 물려준 조상들은 야생의 모든 위험과 불확실성 앞에서 끊임없이 의심하고 경계해서 목숨을 부지했습니다. 그렇게 살아남고 또다시 살아남은 존재의 후손이 바로 우리입니다. 새로움을 거부하고 익숙함을 선호하는 무의식적 본능이 남아 있는 건 어찌 보면 당연한 일이겠지요.

새로운 시도를 했다가 실패하거나 손해를 봤을 때, 새로운 기대를 품었다가 실망할 때, 새로운 제안을 했다가 거부당할 때 '괜찮아. 다음에 또 해보자'라며 상처를 훌훌 털어내는 일이 말처럼 쉽지 않은 이유도 여기 있습니다. '거봐. 내가 뭐랬어. 그냥 안전하게 있으라고' 하면서 속삭이는 목소리를 따르고픈 본능이 모든 이의 마음속에 있다고 믿습니다.

그렇게 안전을 지향하는 본능을 따라 그 어떤 시도나 제안도 하지 않기로, 기대를 품지 않기로 선택할 수도 있습니다. 일상은 무난하게 흘러가겠죠. 하지만 문득 중요한 뭔가를 놓친 듯한 기분을 느낄 때가 있습니다. 편지를 보내준 독자처럼, 그림책《마음이 아플까 봐》의 주인공처럼요.

이 책의 주인공은 여느 유년기 아이들처럼 세상 모든 일에 대해 궁금해하면서 끊임없이 질문을 늘어놓는 소녀입니다. 왜 바다에 풍당 잠수해 들어가서 고래에게 "안녕"이라고 인사할 수 없는 건지, 왜 고래와 우리는 다른 폐를 가졌는지, 바다 끝에는 배가 추락하는 낭떠러지가 있는지 재잘재잘 질문합니다.

소녀는 바다를 가장 좋아했습니다. 해변을 걷다 보면 호기심을 자극하는 새로운 발견을 잔뜩 할 수 있었거든요. 할아버지는 그런 소녀를 너그럽고 따뜻한 눈으로 바라봅니다. 할아버지 입장에서 소녀의 호기심과 상상력은 경이로웠습니다. 할아버지가 별자리 보는 법을 가르쳐주려고 하면 소녀는 "몸에서 빛이 나는 슈퍼 꿀벌들이 날아다녀서 밤하늘이 반짝이는 거야"라고 응수했습니다. 할아버지와 소녀는 늘 함께 바다를 걷고 함께 대화를 나누었습니다.

'왜 그럴까?', '누구일까?' 질문하길 멈추지 않던 소녀의 호기심은 할아버지의 죽음과 함께 한순간에 사라집니다. 할아버지의 빈자리를 보며 소녀는 거대한 상실감을 느낍니다. 슬픔을 감당하지 못해 자신의 빨갛고 동그란 마음을 빼서 유리병 안에 넣고 봉해버립니다. 또다시 그런 슬픔을 느끼게 될까 두려워서 아예 감정을 느끼지 못하도록 마음을 가두어버린 겁니다. 마음을 유리병에 넣은 소녀는 더 이상 밤하늘을 바라보며 꿈꾸지 않습니다. 바다를 봐도 아무 흥미가 없습니다. 의욕이 없고 무기력합니다.

마음을 가둬버린 유리병을 목에 걸고 소녀는 성인이 되었습니다. 성인이 되고 보니 유리병의 존재가 거추장스럽고 짐스럽게 느껴집니다. 하지만 적어도 유리병 안에 있는 한 마음이 다칠 일은 없으니 그녀는 무표정한 얼굴로 그럭저럭 일상을 살아갑니다. 한자리에 앉아 꿈쩍도 안 하면서 "세상 사는 게 원래 다 이렇지", "어쩌겠어" 등 포기와 권태의 말을 쏟아내는 어른들처럼요.

책을 넘겨 보다 문득 궁금한 점이 생겼습니다. 상처받기 싫어서 마음을 가둬버린 건 자신의 선택인데 왜 소녀는 행복하지 않은 걸까요? 아무도 없는 외딴 곳에서 외부의 자극을 차단한 채 혼자서 살 수도 있을 텐데 왜 무기력에 빠진 걸까요? 김소연 시인은 책《마음사전》에 이렇게 썼습니다.

> 차단되고 싶으면서도 완전하게는 차단되기 싫은 마음. 그것이 유리를 존재하게 한 것이다. 그러고 싶으면서도 그러기 싫은 마음의 미묘함을 유리처럼 간단하게 전달하고 있는 물체는 없는 것 같다.
>
> _《마음사전》, 김소연, 마음산책

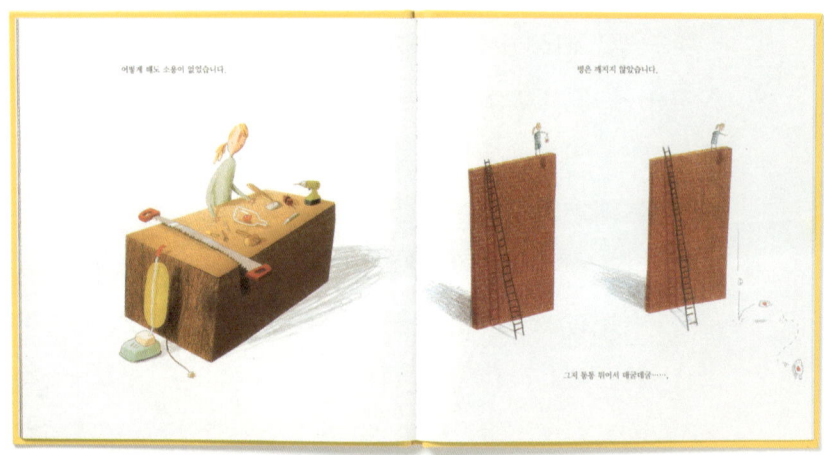

상처받기는 싫지만 타인과의 교감을 완전히 차단하기 싫은 마음. 편지를 보내준 독자분의 마음이 아마도 이런 게 아닐까, 《마음이 아플까봐》의 작가 올리버 제퍼스$^{Oliver\ Jeffers}$가 유리병이라는 상징을 통해 표현하고자 했던 것도 이런 마음이 아닐까 생각해보게 되었습니다.

불확실성, 실망, 실패를 두려워하는 것과 실망하거나 실패하느니 아예 기대하거나 시도하지 말자고 선택하는 것은 전혀 다른 차원의 이야기입니다. 유리병을 목에 걸고 무기력하게 변한 주인공은 우리에게 이렇게 말하는 듯합니다. 상처받을 가능성, 좌절할 가능성, 슬픈 일이 생길 가능성, 실연의 위험을 차단하면서 살 수는 있다고. 움츠리고 봉해놓고 살면 된다고. 하지만 위험을 감수하지 않기로 결정한 뒤 우리에게 돌아오는 건 굳어버린 머리와 말라버린 감수성이라고.

이제 《마음이 아플까봐》의 결론을 들여다볼까요. 무뎌진 채로 일상을 보내던 주인공은 어느 날 우연히 해변에서 놀고 있는 꼬마를 만납니다. 꼬마가 주인공에게 질문합니다.

"파도는 바닷속에서 코끼리가 발장구를 쳐서 생긴 거죠?"

예전의 자신이었다면 신이 나서 함께 상상의 나래를 펼쳤을 텐데, 그녀는 무슨 대답을 해야 할지 난감하기만 합니다. 이 일로 주인공은 마음을 다시 꺼내보기로 결심하지만 망치로 두드리고 톱으로 썰고 높은 곳에서 힘껏 내리쳐도 유리병은 깨지지 않았습니다. 그런데 어떻게 해도 절대 깨지지 않던 유리병이 테이블에서 튕겨 나가 데굴데굴 굴러 해변에서 놀고 있던 꼬마에게로 갑니다. 꼬마는 병을 집어 들더니 손가락을 넣어 갇혀 있던 마음을 쏙 꺼냅니다. 아무 일도 아니라는 듯 쉽게 해버리죠. 다시 마음을 되찾은 주인공이 예전처럼 많은 일에 호기심을 갖고 별과 바다에 열정을 지닌 사람으로 돌아가면서 이야기는 끝납니다.

《마음이 아플까봐》에는 마음을 훈훈하게 채워주는 두 가지 통찰이 있습니다. 먼저 사람으로 인한 상처를 해결해주는 건 새로 다가온 사람이라는 진실입니다. 혼자 온갖 도구로 난리를 피우며 깨보려 해도 깨지지 않던 유리병은 타인과의 만남으로 쉽게 해결되었습니다. 그러니 더 만나세요. 친구도 좋고, 지인도 좋고, 저처럼 얼굴 모르는 사람도 좋습니다. 고민을 더 나누세요. 은둔형 외톨이처럼 자학하며 방 안에 있는 것 빼고 다 괜찮아요.

또 다른 중요한 통찰은 길을 잃은 듯 느껴질 때 동심에게 길을 물으라는 겁니다. 편지를 보낸 독자분이 앞서 그러셨죠. 지금 하고 있는 일에 대한 확신도, 새로운 일에 대한 의욕이나 계획도 없다고요. 이럴 때 큰 힌트를 주는 게 어린 시절의 자신입니다. 등수나 연봉 등으로 타인을 평가하고 재단하는 사회의 논리를 습득하기 이전의 자신이 어땠는지 생각해보는 겁니다. 성과나 인정에 대한 부담감을 모르던 시절의 내가 품었던 순수한 열정과 호기심이 어느 방향을 가리키고 있었는지 기억해내는 거죠.

아이들은 자기가 뭘 좋아하는지 참 잘 압니다. 시키지 않아도 반복해서 그 일을 하죠. 공룡을 좋아하는 아이는 온갖 종류의 공룡 학명을 줄줄 외우기도 하고, 공룡이 나오는 책은 무조건 갖고 싶어 합니다.

'내가 뭘 하고 싶은지 모르겠다.' 이렇게 마음이 무뎌진 것은 신경 쓰고 눈치 볼 게 많은 어른이라 그렇습니다. 자신의 순수한 기쁨을 인생의 최우선순위로 여길 줄 알았던 그 시절의 당신에게 질문해보세요. 난 어떤 사람이었냐고요. 아마 그 소녀는 답을 알고 있을 겁니다.

바다로 굴러갔습니다.
그곳에는 호기심 많은 작은 아이가 있었고
아이는 방법을 아는 듯했습니다.

바로 그때 아이가······.

그림책 작가 이야기 03

올리버 제퍼스
Oliver Jeffers

책장에 꽂혀 있는 책등을 손가락으로 훑으면서 어떤 그림책을 볼까 고를 때면 손가락 끝이 청진기라도 되는 것처럼 즉각적으로 마음이 반응한다. 아, 이 작가 책은 읽고 나면 머리가 더 복잡해지니까 지금 말고 나중에. 이 책은 한 번 더 읽을 가치는 없지, 패스.
이렇게 한 권씩 책등을 촉지하다 문득 입가에 웃음이 번지면서 손가락이 멈추는 책이 있다. 이야기 구조가 간결하지만 결코 유치하지 않은 책, 품 하고 잔잔하게 터지는 유머가 곳곳에 잠복한 책, 노는 마음으로 읽어 내려가다 어느 순간에 쿵 하고 저 안쪽에서 뭔가가 부딪혀와 황홀한 울림을 만들어내는 책. 마음이 어지러운 날에도, 컨디션이 최고조인 날에도 언제든 불쑥 꺼내 읽게 되는 작품들이 있다. 그렇게 편애하는 몇몇 작가가 있는데 올리버 제퍼스도 그중 하나다.

오스트레일리아 출생으로 북부 아일랜드 도시 벨파스트에서 성장한 올리버 제퍼스는 대학에서는 비주얼커뮤니케이션 visual communication 을 전공했다. 이야기 지어내기도 좋아하고 그림 그리기도 좋아했던 그는 자신이 가장 잘할 수 있는 분야라는 직감을 좇아 2004년 그림책 《별을 따는 법》

How to catch a star을 발표했고 그 뒤로 지금껏 승승장구 중이다. 그림책 작가로서 실패를 경험해본 적이 없다. 신작을 쉼 없이 발표했고, 데뷔한 지 10년 만에 전 세계에서 약 700만 권의 판매고를 올렸으며 30여 개의 언어로 번역되었다. 지금도 신작을 기다리는 (나 같은) 팬이 전 세계에 널렸다. 대체 비결이 뭘까.

먼저 그림체가 상당히 귀엽다. 제퍼스의 그림책은 표지만 딱 봐도 밝고 쾌활한 세계관으로 채워져 있을 거란 기대를 하게 만든다. 만화 장르로 치자면 명랑물이다. 채도 높은 색을 아낌없이 사용하기 때문이기도 하고 인물들의 외양 때문이기도 하다. 그의 책에 등장하는 인물들은 모두 4등신이 될까 말까 한 신체 비율을 가졌다. 무엇보다 눈에 띄는 건 작대기 두 개로 표현된 다리다. 상반신은 그래도 외곽선이나 면 등 구상이라고 부를 만한 요소가 있는데, 하반신은 왜소하기 짝이 없는 선 두 줄이 전부다. 발도 없다. 얼굴 표현도 극단적일 정도로 미니멀하다. 모나미 플러스펜으로 콕콕 찍어놓은 것 같은 점 두 개와 투톤으로 채색된 둥그스름한 면뿐이다. 코나 입이 생략될 때도 많다. 덕분에 대부분의 장면에서 그들의 표정을 읽어내기 어렵다.

제퍼스의 작품이 지닌 특별함은 이렇게 멀뚱한 표정을 한 등장인물들을 데리고 거대하고 농밀한 감정의 세계를 표현해낸다는 데 있다. 그가 즐겨 그리는 주제는 외로움 그리고 우정이다. 특히 혼자였던 존재가 '더 이상 혼자이고 싶지 않아'라는 내면 깊숙한 곳의 목소리를 뒤늦게 알아차리는 서사를 즐겨 그린다.

2005년에 발표한 《다시 만난 내 친구》가 좋은 예다. 어느 날 집 앞에 갑자기 나타난 슬픈 눈의 펭귄을 남극으로 돌려보내려고 고군분투하는 소년의 이야기. 열심히 노를 저어 남극에 도착한 소년은 펭귄을 드넓은 빙하 위로 올려주는데, 어쩐지 펭귄은 더욱 슬픈 표정을 짓는다. 그제야 소년은 펭귄이 길을 잃어서 자기 집 앞에 온 게 아니라 누군가와 함께 있고 싶어서 자신을 찾아왔음을 깨닫는다.

주인공이 외로움을 자각하는 클라이맥스에는 다행스럽게도 늘 누군가 함께 있어준다. 펭귄, 사슴, 별, 소녀, 외계인 등 우정을 나누는 대상은 작품마다 바뀌지만 언제나 심장이 쿵 하고 바닥을 찧으면서 "네가 있어줘서 너무 다행이야"라는 말을 내뱉게 한다(고백하자면 눈물이 찔끔 난 적도 꽤 여러 번 있다). 그렇게 마음을 졸이며 완벽하게 이야기 안에 몰입했다가 마지막 책장을 덮고 나면 잠에서 부스스 깨어나는 것처럼 서서히 현실로 돌아온다. 어리둥절한 상태로 표지를 다시 들여다본다. 만만하게 볼 애들 책이 아니었다는 걸 그제야 실감한다.

함께 읽으면 좋은 책

《다시 만난 내 친구》, 올리버 제퍼스 글·그림, 리딩북스
《별을 따는 법》, 올리버 제퍼스 글·그림, 리딩북스
《날고 싶어!》, 올리버 제퍼스 글·그림, 아름다운사람들
《나무 도둑》, 올리버 제퍼스 글·그림, 주니어김영사
《다 붙어 버렸어!》, 올리버 제퍼스 글·그림, 주니어김영사
《이 사슴은 내 거야!》, 올리버 제퍼스 글·그림, 주니어김영사
《크레용이 화났어!》, 드류 데이월트 글, 올리버 제퍼스 그림, 주니어김영사

17

뭘 해도
미운 사람이 있어요

깊고 끈질긴 미움에 대처하는 법

to. 에디터C
직장 상사 때문에 정말 힘듭니다. 부하직원의 노력을 자기 공으로 둔갑시키고, 실력이나 일에 대한 철학은 전혀 없으면서 힘으로만 찍어 누르는 유형의 상사입니다. 함께 일하는 팀원들 가슴에 대못 박는 말은 아무렇지도 않게 하면서 본인에게 상처가 될 것 같은 작은 말에는 부르르 치를 떨어요. 제가 회사를 그만두지 않는 한 계속 봐야만 하는 사람이라서 더 괴롭습니다. 상사의 말투와 행동에 자꾸 신경이 쓰이는데, 매일 마음에 쌓여가는 이 미움과 분노를 어떻게 하면 좋을지 모르겠어요.

숲 속 재봉사와 털뭉치 괴물

최향랑 그림책

◆
숲 속 재봉사와 털뭉치 괴물
최향랑 글·그림
창비

악한 등장인물이 나오는 동화는 보통 악당과 선한 주인공 사이의 대결 구도로 서사를 끌고 갑니다. 이때 악당의 사연은 거의 드러나지 않습니다. 그저 나쁜 존재로만 이야기 안에서 기능합니다. 주인공이 맞서 싸우다 끝내 그를 처단할 때 '저런 대접을 받아 마땅해', '사라져야 마땅해'라는 심정적 동조를 얻기 위해서입니다.

《숲 속 재봉사와 털뭉치 괴물》에는 행동이 괴팍하고 몸에서 고약한 냄새까지 나는 털뭉치 괴물이 등장합니다. 최향랑 작가가 사려 깊게 창조한 이 숲 속에서 털뭉치 괴물은 욕을 먹어 마땅한 대상, 미워해야 할 대상, 사연이 결여된 대상으로 묘사되지 않습니다. 이 지점에 바로 어른들에게도 유효한 관계 맺기의 지혜가 숨어 있습니다.

◇◇◇◇

질척하고 고통스러운 미움이 저를 끈질기게 괴롭혔던 적이 있습니다. 지금껏 살면서 두어 번쯤 그랬던 것 같아요. 물론 사소한 토라짐이나 부당한 처사에 대한 억울함을 느낀 적은 더 많지만 뼈가 녹아내리는 듯한 큰 미움은 두 번 정도 경험했습니다. 깊은 미움이 적은 이유는 그것을 형성하는 몇 가지 조건이 있기 때문입니다. 첫째, 상대가 내게 큰 고통을 주었다. 둘째, 그와 내가 떼려야 뗄 수 없는 관계다. 보기 싫다고 단박에 관계를 끊을 수 없는 상황이다. 셋째, 계속 볼 수밖에 없는 인물이기에 그 사람의 행동을 이해해보려고 노력했다. 넷째, 노력에도 불구하고 그의 행동을 납득할 수 없다.

고등학교 2학년 때 담임선생님 별명이 '미친 개'였습니다. 매 타작을 하는 게 즐거워서 선생님을 하는 게 아닐까 싶을 정도로 매질을 심하게 했습니다. 그래도 나름의 기준을 가지고 매서운 훈육을 하는 선생님이었다면 학생들에게 질척하고 고통스러운 미움까지는 남기지 않았겠죠. 하지만 체벌의 기준이 없었습니다. 기분을 종잡을 수 없었죠. 어떤 날은 괜찮았던 일이 다른 날엔 맞아야 할 이유가 되었으니까요. 맞으면서도 자신이 숙제를 안 해왔기 때문에 맞는지, 문제를 틀려서 맞는지, 짝꿍과 속닥거려서 맞는지 알 수 없는 기분으로 체벌을 견뎌야 했습니다. 부당한 기분을 풀 곳이 없는 여고생들이 할 수 있는 일이라곤 그를 '미친 개'라고 부르는 것뿐이었습니다.

두 번째 인물은 사회생활을 하면서 만난 윗사람이었습니다. '상사가 까라면 까야지, 무슨 말대답이야'라는 식의 권위적인 태도가 몸에 배어 있었고, 의사 결정을 계속 미루거나 변덕을 부려서 기존에 진행하던 업무를 모조리 쓸모없게 만들어버리곤 했습니다. 업무 강도가 센 것도 고통스럽긴 했지만 까라면 까야 하는 처지가 되었다는 굴욕감이 더 문제였습니다. 그저 직급이 낮기 때문에, 힘이 없기 때문에 견뎌야 하는 굴욕감은 질척한 미움을 만들어냈습니다. 부하직원들이 할 수 있는 일은 욕과 뒷담화였습니다. 처음에는 미움과 증오가 잔뜩 섞인 부정적인 말이 속을 조금 개운하게 만들어주는 듯했습니다. 그러나 이내 그 말들로 인해 피폐해지고 타들어가는 건 저쪽이 아니라 오히려 이쪽의 영혼이었습니다.

뒷담화는 해결책이 아니었습니다. 회사를 관둘 수 없었던 저는 일단 제 마음이 편해질 수 있는 선택을 하기로 결심했죠. 그의 말과 행동에 곧장 의미를 부여해서 감정을 망치기 전에 질문을 하려고 노력했습니다. '저런 말과 행동을 통해 그가 지금 요구하려는 게 뭘까?', '왜 저런 방식으로 말하고 행동하는 걸까?' 등 끈질기게 질문하며 그를 관찰하다 보니 서서히 행동의 이면이 눈에 들어오기 시작했습니다. 연공서열을 내세우고 권위적으로 명령하는 모습은 직함이 없으면 무시당할까 봐 두려워하는 태도로 보였습니다. 부하직원의 공을 가로채는 행위는 스스로를 증명해야 한다는 절박함에 이성을 잃은 상태, 한마디로 인정 욕구에 빠져 눈에 보이는 게 없는 상태라고 생각하게 되었습니다.

그러던 어느 날 우연히 참석한 술자리에서 그의 성장기 이야기를 들었습니다. 그는 술이 꽤 많이 차오른 상태로 이야기를 하다가 서럽게 울음을 터뜨렸습니다. 자신이 왜 사랑받아야 하는지 설명하려고 사방팔방 뛰어다니다가 완전히 지쳐버린 어린아이의 울음이었습니다. 그날 보았던 눈빛은 이전까지 제가 알고 있던 눈빛과 달랐습니다. 뼈를 녹일 듯했던 미움이 연민으로 바뀌어 진심으로 딱하다는 마음이 들었습니다. 그가 회사에서 보여주는 말과 행동만 봤을 때는 분명 납득할 수 없는 사람이었는데, 살아온 이야기를 조금 더 알게 되니 이해 못 할 부분도 없었습니다.

이때부터 저는 못되고 뾰족하고 경직된 사람을 만나면 '저 사람 안엔 얼마나 여린 아이가 숨어 있기에 저런 식으로 방어막을 만들어 냈을까' 생각하는 버릇이 생겼습니다. 다른 누구를 위해서가 아니라 바로 저 자신을 위해서였죠. 습관적으로 타인을 공격하는 사람들의 꼬인 마음은 여간해서는 바뀌지 않습니다. 그의 배우자나 부모님도 고치지 못할 거예요. 그를 아예 안 보고 사는 결단(퇴사, 절교)을 내릴 수 없을 땐 내 마음이 편해지는 선택을 할 필요가 있습니다. 미움과 분노가 나를 잠식해서 영혼이 피폐해지는 심각한 상황으로까지 가지 않도록 하는 거죠.

납득하기 어려운 말과 행동을 취약함을 감추기 위한 과장된 방어막으로 해석하면 마음에 작은 여유가 생깁니다. '그래, 네 안에 숨어 있는 어린아이가 왜 난동을 피우는지 내가 한번 들어주마' 하고 조망하는 위치에 설 수 있게 됩니다. 내가 아랫사람이니까 굴욕적이어도 상대방의 뜻에 따라야 한다고 생각하면 미움과 분노가 솟지만 딱한 사람의 속내를 헤아려준다고 생각하면 그리 괴롭진 않습니다. 그가 살아온 맥락을 조금 더 알아가다 보면 신기하게도 이해 가능한 지점이 하나둘 모습을 드러내고, 그를 다루는 요령 역시 차츰 터득하게 됩니다. 평소 이런 믿음을 가지고 있던 터라 《숲 속 재봉사와 털뭉치 괴물》을 봤을 때 무척 반가웠습니다.

《숲 속 재봉사와 털뭉치 괴물》에는 숲 속 동물들에게 옷 만들어주기를 좋아하는 재봉사가 등장합니다. 동물들 사이에서 옷을 잘 만든다는 입소문이 퍼져 즐겁게 일하던 어느 날, 쿵쿵 굉음과 함께 시커먼 괴물이 재봉사를 찾아옵니다. 괴물은 이렇게 외치죠.

"내게도 옷을 만들어다오!"

고약한 악취를 풍기는 괴물을 본 재봉사는 이렇게 말합니다.

"어휴, 냄새…. 지금 네게 필요한 것은 멋진 옷이 아니라 목욕인 것 같구나."

숲 속 동물들의 도움을 받아서 괴물을 냇가로 데려가 목욕을 시켜줍니다. 회색 털뭉치는 점점 깨끗해져서 하얗고 커다란 털뭉치가 되었죠. 그때 털뭉치 안에서 어떤 목소리가 들려옵니다.

"살려주세요…. 저는 털뭉치 속에 갇혔어요!"

재봉사는 서둘러 털뭉치를 깎습니다. 커다랗고 하얀 털뭉치 속에서 나온 건 오들오들 떨고 있는 작은 개였습니다. 털뭉치 괴물 쿵쿵이는 한때는 사랑받던 귀여운 강아지였습니다. 하지만 늙고 병들어 주인에게 버림받고, 여기저기 떠도는 동안 털이 점점 자라 온 몸을 뒤덮었죠. 그 모습을 보고 사람들이 "괴물이다!"라고 손가락질 했던 것입니다.

이 장면에서 감탄이 터졌습니다. 뾰족하고 날카롭고 공격적인 사람의 내면 안에도 떨고 있는 여린 자아가 있을 수 있고, 공격성과 착취적인 행동은 숨어 있는 여린 자아를 보호하기 위한 비뚤어진 보호막일 수 있다고 말하는 작가의 메시지에 깊이 공감했기 때문입니다. 또 그런 메시지를 직관적으로 시각화할 수 있다는 사실이 놀랍게 느껴졌습니다.

책장을 덮고 '미친 개' 선생님을 떠올렸습니다. 그에게도 재봉사와 같은 사람이 한 명이라도 있었더라면, 하고 생각했습니다. 20년 가까이 된 일이지만 잊히지 않습니다. 이성을 잃은 광포한 행동 안에 숨어 있는 여린 목소리를 읽어낼 수 있는 사람이 단 한 명만 있었더라도 그가 그렇게 세상을 떠나진 않았을 겁니다. 새 학년으로 올라가는 겨울 방학이었습니다. 우리 반 학생들이 드디어 해방되었다고 좋아하던 무렵의 어느 날, 그는 스스로 목숨을 끊었습니다.

뾰족한 말과 남을 착취하는 행동, 공격성이라는 악취를 풍기는 그도 조금만 더 알고 보면 그릇된 표현 방식을 선택해서라도 자신이 얼마나 고통스러운지 알아주길 열망하는 사람입니다. 외롭고 취약하며 사랑받길 원하는 나와 다를 것 없는 관계적 존재. 그를 너무 많이 미워하느라 이 사실까지 잊지는 않길 바랍니다.

바들바들 오들오들

18
친구가 없어요

누군가의 곁에 머문다는 것

to. 에디터C

40대 중반의 주부입니다. 어렸을 때부터 지금까지 제 고민은 언제나 한 가지뿐입니다. 바로 친구가 없다는 것이죠. 제 의견을 강하게 내세워 하고 싶은 대로 하는 성격도 아니고, 돈에 인색해 얻어먹는 것도 아니고 오히려 제가 거의 내는 편입니다. 만나면 상대방에게 맞춰주면서 재미있는 우스갯소리도 잘한다고 생각해요. 그런데 늘 친구가 없어요.

저한테 뭔가를 같이 하자거나, 고민을 먼저 털어놓거나, 먼저 만나자고 청하는 사람이 없습니다. 보고 싶다고 제가 먼저 연락해도 그때뿐입니다. 그러니 늘 돈만 쓰고 마음만 다칩니다. 가끔씩은 속이 상해서 '다시는 먼저 연락하지 말아야지' 결심하다가도 또 아무렇지도 않은 척 먼저 연락을 합니다. 다른 사람들은 어렸을 때부터 친한 친구들이 있는데, 저는 그 흔한 모임도 없고 어릴 때부터 이어진 친구도 없습니다. 저는 타인에 대한 배려도 많이 하고 때가 되면 선물도 잘 챙기거든요. 그런데 왜 친구가 없을까요?

◆
큰 늑대 작은 늑대
나딘 브륑코슴 글
올리비에 탈레크 그림
이주희 옮김
시공주니어

외양도 성격도 다른 둘이 있습니다. 그들은 서로의 삶의 반경 안으로 서서히 스며들면서 관계를 맺습니다. 우정, 사랑 같은 관계 맺기의 본질은 나와 다른 이질적인 타자를 내 안으로 받아들이는 일입니다. 커다란 행복의 이유이자 굉장한 이물감을 견디는 일이죠. 눈에 티끌이 들어갔을 때나 손가락 끝에 가시가 박혔을 때 몸이 즉각적으로 반응하는 꺼끌꺼끌하고 불편한 느낌. 마음도 비슷합니다. 관계가 깊어지고 가까워질수록 견뎌야 할 감정도 무거워집니다.

◇◇◇◇

 드니 빌뇌브 감독의 영화 〈컨택트〉의 주인공 루이스는 언어학 전문가입니다. 영화는 12대의 외계 비행 물체 '쉘'이 세계 각국의 상공에 동시에 나타나면서 시작됩니다. 쉘 안에 타고 있는 낯선 생명체들이 지구에 온 목적을 밝혀내기 위해 비상군은 언어학자를 수소문하고 최종적으로 루이스가 선택됩니다.
 루이스는 두렵고 떨리는 마음으로 쉘 안에 발을 디딥니다. 그곳은 지구의 중력이나 자기장의 영향을 전혀 받지 않는 숨 막히게 낯선 공간이었습니다. 커다란 투명 방호막 뒤에서 희뿌연 안개와 함께 나타난 외계 생명체 역시 루이스와 탐사대를 압도했죠. 다리가 일곱 개이고 머리와 몸통의 구분이 없으며 눈, 코, 입도 없었습니다. 몸집은 인간의 몇십 배나 되었죠. 이 외계 생명체가 인체에 어떤 영향을 주는지, 쉘 안에 유해 물질이 있진 않는지 아무런 정보가 없기에 루이스와 탐사대는 우주복처럼 생긴 방호복을 입어야 했습니다. 그리고 몇 겹이나 되는 두터운 방호막 양편에서 서로 함부로 다가갈 수도 없고 어떻게 말을 걸어야 할지도 몰랐죠. 이렇게 탐사가 헛바퀴만 돌던 어느 날, 루이스는 뭔가를 깨달았다는 듯 눈빛을 바꾸고 방호복을 벗기 시작합니다. 그리고 이렇게 말합니다.

"그들이 나를 봐야 해요. 나를 보여줘야 해요."

세계에서 가장 뛰어난 언어학자였던 그녀는 소통의 본질을 기억해냅니다. 외계 생명체 입장에서도 처음 보는 인간과 지구는 낯설고 두려운 존재일 거라는 역지사지의 사유를 통해 그녀는 방호막과 방호복으로 확보한 안전한 거리를 뛰어넘습니다. 외계 생명체가 방사능을 내뿜을지, 무서운 박테리아를 전염시킬지 그 무엇도 알 수 없는 상황에서 나약한 자신 그대로의 모습을 드러내 보입니다.

상처받거나 기존의 내가 훼손될 위험을 감수하고 용기를 내 자신의 취약함을 내보일 때, 수만 광년의 거리와 수천 년의 시간 너머에서 온 낯선 존재와도 영혼이 뒤엉키는 교감을 할 수 있다고 말하는 이 장면이 저는 사랑과 우정의 본질을 보여준다고 생각합니다. 우정의 필요조건은 상대방에게 잘 맞춰주는 것이 아닙니다. 거절당하고 상처받을 위험에도 불구하고 나를 있는 그대로 보여줄 수 있느냐에 우정의 진실함 정도가 결정된다고 생각합니다.

사연을 읽을 때 가장 강렬히 느껴진 감정은 억울함이었습니다. 나는 이만큼 했는데 상대방은 내게 그만큼 해주지 않는다는 사실에 상처받은 듯 보였습니다. '왜 나만 이렇게 먼저 연락을 해야 하느냐!'

며 속상해하고 있었습니다. '늘 돈만 쓰고 마음만 다친다'는 표현에 선 투자한 만큼 돌아와야 한다는 전제를 읽을 수도 있었고요.

공평함과 우정, 나아가 사랑의 관계에 대해 한번 이야기를 나눠 보고 싶습니다. 공평한 사랑이라는 게 과연 존재할까요? 가령 내가 100만큼 누군가를 사랑하면 그가 나를 반드시 100만큼 사랑해줘야 한다는 법칙 같은 게 있을까요? 우정과 사랑이라는 감정이 복잡 미묘하고 어려운 이유는 내가 너를 사랑한다고 해서 네가 나를 사랑해야 할 필연적인 이유가 없기 때문입니다. 우정과 사랑은 출발이 공평하지 않은 감정입니다. '네가 날 사랑하지 않을 가능성이 있더라도 난 너를 사랑하기로 마음먹었다'고 다짐하는 게 사랑입니다. 그것은 상처를 감수하겠다는 용기이자 목숨을 건 도약과 마찬가지로 결연한 일입니다.

이런 의미에서 내가 좋아하는 사람이 나를 좋아해주는 건 당연하게 생각할 일이 아닙니다. 우주적인 기적이라 불러도 좋을 엄청난 사건이자 이벤트, 감사해야 할 축복입니다. 슈퍼에서 물건을 사듯 값을 치렀다고 당연히 얻을 수 있는 걸로 오해해선 안 되는 것이죠.

'왜 나만 이렇게 먼저 연락을 해야 하느냐!'라는 억울함의 이유를 조금 더 들여다보면 그 안에 어떤 기대가 있음을 알게 됩니다. '친구라면 당연히 이렇게 해야 하는 거 아냐?'라는 생각입니다. 좋은 친구 사이라는 건 발신자가 한쪽으로만 쏠리지 않도록 연락을 잘 분배하는 관계이고, 모임을 구성해 만나는 사이여야 하며, 어릴 때부터 쭉 이어진 관계여야 한다는 전제가 이미 깔려 있는 셈입니다. 이런 기대가 채워지지 않으면 그 관계를 끝내야 하는 걸까요? '친구라면 당연히 이렇게 해야 한다'는 전제를 의심해볼 필요는 없는 걸까요? 저에게 힌트를 준 건 에리히 프롬Erich Fromm의 책《사랑의 기술》에 나온 한 문장이었습니다.

> 사랑을 '하게 되는' 최초의 경험과 사랑하고 '있는' 지속적 상태, 혹은 좀 더 분명하게 말한다면 사랑에 '머물러' 있는 상태를 혼동하는 것이다.
>
> _《사랑의 기술》, 에리히 프롬, 문예출판사

우정 역시 마찬가지입니다. 프롬에 따르면 우정의 동력은 '머물러 있기로 하는 마음'입니다. 매번 먼저 연락을 해야 하더라도 아무튼 '그 애는 내 친구야'라고 우정 안에 머물기로 결심할 수 있다면 나는 그를 좋아하고 있다는 뜻입니다.

나딘 브룅코슴이 글을 쓰고 올리비에 탈레크가 그림을 그린《큰 늑대 작은 늑대》는 우정이라는 감정의 성분표를 자세히 펼쳐서 그 안의 세부 감정의 결을 하나하나 설명해줍니다. 친구를 사귄다는 것이 어떤 의미인지, 관계 맺기에서 머물기로 하는 의지가 얼마나 중요한지 그려내고 있죠.

이야기는 언덕 위에서 혼자 살고 있는 까만색 큰 늑대의 모습을 보여주면서 시작합니다. 어느 날 저 멀리에서 파란 점 하나가 자기 쪽으로 다가오고 있다는 걸 알게 된 큰 늑대는 돌연 걱정에 빠집니다. '파란 늑대가 나보다 크면 어떻게 하지?' 파란 늑대가 언덕 근처까지 왔을 때 큰 늑대는 자신보다 몸집이 작은 늑대라는 걸 알고 안도합니다.

처음 만난 둘은 말 한마디 없이 서로 눈치만 봅니다. 경계심을 내려놓을 수 없었죠. 서로 데면데면하게 밤을 보내고 다음 날 아침이 되었습니다. 큰 늑대는 언제나처럼 운동을 하기 위해 나무에 오르기 시작합니다. 작은 늑대도 아무 말 없이 그 뒤를 따릅니다. 순간 큰 늑대는 또다시 걱정에 빠집니다. '이 녀석이 나보다 나무를 잘 타면 어쩌지?' 하지만 작은 늑대가 버둥거리며 겨우 나무에 오르는 걸 보고 안심합니다. 오히려 작은 체구로 높은 나무에 오르려는 작은 늑대의 용기를 가상하게 여깁니다.

식사 시간이 되어 큰 늑대는 언제나처럼 열매를 까서 식사 준비를 합니다. 작은 늑대를 슬쩍 보니 먹을 것을 하나도 가지고 있지 않았습니다. 큰 늑대는 접시에 열매를 두 개 담아서 작은 늑대 쪽으로 슬쩍 밀어줍니다. 작은 늑대 역시 아무 말 없이 열매를 먹습니다.

식사를 마치고 큰 늑대는 혼자서 언덕에서 내려와 멀리 있는 숲으로 산책을 나섭니다. 산책을 한참 동안 하고 숲에서 나와 언덕을 바라보자 그곳에는 아무도 없었습니다. '그 녀석은 너무 작아서 여

밤이 되었습니다.
작은 늑대는 머나지 않았습니다.
큰 늑대는 좀 너무한다고 생각했습니다.

큰 늑대가 눕자, 작은 늑대도 누웠습니다.
큰 늑대는 작은 늑대의 코끝이 마르고 말라는 것을 보고,
나뭇잎 이불 끝을 조금 덮어 주었습니다.
"작은 늑대니까 이 정도면 돼."라고 생각했습니다.

큰 늑대는 나무에서 내려오기 전에 열매를 땄습니다.
다른 날보다 조금 더 많이.
그러고는 아침 먹을 준비를 했습니다.
작은 늑대가 큰 늑대를 따라 내려왔습니다.
작은 늑대는 아무것도 따지 않았습니다.

큰 늑대는 열매를 먹었습니다.
큰 늑대가 열매 몇 개를 접시에 담아 작은 늑대 쪽으로 밀었더니,
작은 늑대도 열매를 먹었습니다.

기에선 안 보이지' 하며 언덕 쪽으로 다가갑니다. 하지만 여전히 언덕 위엔 아무도 없습니다. 그제야 덜컥 마음이 내려앉은 큰 늑대는 한달음에 언덕으로 뛰어갑니다. 언덕 위는 비어 있습니다.

책의 후반부는 갑자기 사라진 작은 늑대를 기다리는 큰 늑대의 일상을 그리고 있습니다. 큰 늑대는 태어나 처음으로 잠도 자지 않고, 밥도 먹지 않고, 나무 타기도 하지 않고, 산책도 하지 않은 채 멀리서 다가오는 파란 점이 없는지 눈을 크게 뜨고 기다립니다. 그러면서 다짐합니다. 작은 늑대가 돌아온다면 열매도 더 많이 주고, 자기보다 나무를 잘 탈까 봐 걱정하는 짓은 하지 않을 거라고요.

그러던 어느 날 멀리에서 파란 점이 언덕을 향해 다가옵니다. 큰 늑대의 심장은 쿵쾅쿵쾅 뜁니다. 다시 돌아온 작은 늑대에게 큰 늑대가 묻습니다.

"어디 갔었니?"

작은 늑대가 멀뚱히 답합니다.

"저어기."

큰 늑대는 더 이상 묻지 않습니다. 걱정을 끼쳤다느니, 어디 가겠다는 말 정도는 해줄 수 있는 것 아니냐며 따져 묻지 않고 다만

"네가 없으니까 쓸쓸해"라고 말합니다. 작은 늑대가 답합니다.

"나도 쓸쓸해."

처음 이 책을 읽을 때는 작은 늑대를 자신의 삶의 반경 안으로 들일 때 큰 늑대가 보여준 태도를 그려낸 부분이 참 좋았습니다. 서로 다른 두 존재가 만나 친밀감을 쌓아갈 때 경계심, 질투, 경쟁의식, 걱정과 같은 부수적 감정을 느끼는 건 당연하다는 메시지가 읽혔거든요. 무조건 서로 좋아하거나 하하호호 웃고 즐기는 것이 우정인 것처럼 오해하게 만드는 수많은 전형적인 그림책들 가운데 단연 돋보이는 섬세한 시각이었습니다.

사실 이 책은 여러 번 반복해 읽으면서 더 좋아하게 된 책입니다. 읽을수록 '나를 걱정시키고 실망시키고 네 멋대로 행동하지만 어쨌든 난 네 옆에 있는 게 좋아'라는 마지막 메시지에서 큰 위안을 얻습니다. 읽을 때마다 이렇게 생각하고 또 다짐합니다.

'그래, 어쨌든 그 사람 옆에 머물기로 하는 것. 그게 사랑이야.'

작은 늑대는 커지지 않았습니다.
여전히 작았습니다.
정말 그 작은 늑대였습니다.

작은 늑대는 언덕을 올라와서 나무 밑에 앉았습니다.
큰 늑대가 물었습니다. "어디 갔었니?"
작은 늑대는 아무것도 가리키지 않으면서 대답했습니다. "저어기."
큰 늑대는 아주 조그만 목소리로 말했습니다.
"네가 없으니까 쓸쓸해."

19
자책을 자주 합니다

나를 괴롭히는 부정적 감정에서 벗어나기

to. 에디터C

잘 살아가다가도 어떤 생각이 한번 스치면 저는 나락으로 떨어집니다. 바로 남에게 피해를 준다는 생각입니다. 특히 말실수에 많이 예민해집니다. 의도치 않았는데 저의 말실수로 타인이 민망해지는 상황이 발생하면 제 자신이 너무나 바보처럼 느껴집니다. 말실수로 누군가에게 크게 피해를 준 경험이 있는 건 아닙니다. 그리고 말실수로 사이가 멀어질까 봐 두렵다기보다는 '왜 나는 그렇게밖에 못 하나' 싶은 자책에 마음이 괴롭다는 게 정확한 설명입니다.

이런 고민을 털어놓으면 다들 "사람은 다 실수하기 마련이다. 중요한 것은 어떻게 대처하느냐다"라고 하는데 그 말이 오히려 저를 지치게 하더라고요. 저의 잘못 때문에 벌어진 상황을 책임질 수 없을 때 참 무기력해지는 것 같아요.

◆
나 때문에
박현주 글·그림
이야기꽃

순수하고 무고한 눈망울을 가진 고양이가 책 표지에서 독자를 바라봅니다. 악의라고는 전혀 찾아볼 수 없는 표정입니다. '나 때문에'라는 제목 아래 있으니 더 의아한 생각이 듭니다. 이렇게 청순한 표정의 고양이가 어떤 잘못을 저지른 걸까요? 무슨 사연이 있기에 저토록 맑고 아린 눈빛으로 자책하는 걸까요?

모든 이의 내면에는 비밀스러운 검열관이 존재합니다. 자신의 행동, 성격, 과거의 여러 가지 행적 중에서 어떤 부분을 결점으로 여길지 판단하는 검열관입니다. 사람마다 검열의 기준은 다릅니다. 그렇기에 누군가는 아무렇지도 않게 툭툭 털어낼 수 있는 일이 누군가에게는 질긴 죄책감으로 남을 수도 있죠. 자책이나 자격지심은 외부에서 주입된 게 아니라 자신의 내부에서 자가 생산되는 독소입니다. 《나 때문에》는 이런 부정적인 감정에 대처하는 작은 해독제를 선물하는 책입니다.

◇◇◇◇

장기하와 얼굴들의 노래 중 〈날 보고 뭐라 그런 것도 아닌데〉라는 곡이 있습니다. 멜로디도 흥겹고 귀에 쏙 들어오지만 무엇보다 노래의 백미는 가사입니다.

> 날 보고 뭐라 그런 것도 아닌데 그 사람을 칭찬했을 뿐인데
> 내가 그리 못난 것도 아닌데 그 사람이 참 잘났을 뿐인데
> 내가 울고 싶은 것도 아닌데 그 사람이 웃고 있을 뿐인데
> 내가 뭘 잘못했는지는 몰라도
> 웃고 있는 내 입꼬리가 땡기네
> 나는 어떡하나 어떡해

흔히들 가장 어리석은 상처는 나를 향해 쏘지 않은 화살인데도 그것을 굳이 주워서 자기 가슴에 푹 찔러 넣는 상처라고 말합니다. 〈날 보고 뭐라 그런 것도 아닌데〉는 객관적으로 보면 질투를 느끼거

나 상처받지 않아도 될 상황임을 알면서도 마음에 내상을 입고 마는 미묘하고도 꺼림칙한 상황을 탁월하게 포착한 곡이라 들을 때마다 그 섬세함에 감탄하곤 합니다.

〈날 보고 뭐라 그런 것도 아닌데〉의 가사처럼 편지를 보낸 독자분도 크게 말실수해서 타인에게 상처 준 적이 있거나 말실수를 지적받은 경험이 있는 게 아닌데도 쉬이 내상을 입고 맙니다. 말할 때마다 긴장하는 이유는 스스로 그 부분을 미흡하다고 여기기 때문일 겁니다. '나는 경솔하다. 나는 말실수를 잘한다'는 전제를 가지고 있기에 잠시라도 마음을 놓으면 입에서 무슨 말이 튀어나와 어떤 사건이 벌어질지 모른다는 초조함과 긴장감을 느끼는 것이죠. 이는 외부 요인과 상관없이 만들어진 자기 평가이자 마음속으로 자신에게 내린 선고입니다.

'나는 경솔해서 말실수를 잘해'라는 생각은 '말실수로 내가 책임질 수 없는 일이 벌어지면 어쩌지?'라는 긴장의 단계를 거쳐 '방금 전에 내가 말실수한 건 아닐까?'라는 예민하고 날 선 더듬이로 바뀌어 매 순간 촉을 세우게 만듭니다. 슬프고도 역설적인 진리는 이런 식으로 작동하는 더듬이는 원래 자신이 갖고 있던 부정적인 자기 인식, 즉 '나는 경솔해서 말실수를 잘해'라는 생각을 강화하는 증거만 열심히 수집한다는 점입니다. 또한 자책과 자격지심은 상상 속에서 문제를 키운다는 속성이 있습니다. 주변 사람이 별 뜻 없이 보인 반응에도 '내가 말을 잘못해서 지금 기분이 나쁜가봐'라고 지레 판단

하면서 스스로에게 치명적인 독화살을 쏘아 보냅니다. 자격지심이 무서운 이유는 자신이 가장 크게 상처받을 부위가 어디인지 잘 알고 있는 궁사(나)가 완벽하게 조준해서 치명타를 날리기 때문입니다.

모든 이의 내면에는 비밀스러운 검열관이 존재합니다. 자신의 행동, 성격, 과거의 여러 가지 행적 중에서 어떤 부분을 결점으로 여길 것인지 판단하는 검열관입니다. 내면에서 자가 생산되는 자책과 자격지심에 대응하려면 일단 검열관을 검열할 필요가 있습니다.

'상대방이 이의를 제기하지 않았는데도 왜 말실수를 했다고 여기는 거지?'

'경솔한 말을 해서 크게 어려워진 적이 있었나?'

'일상적인 대화에서조차 책임지지 못할 일이 벌어질까 봐 두려워하는 이유는 뭐지?'

이렇게 '네가 참인지 아닌지 한번 따져보겠어!'라는 마음으로 자기 인식 자체를 시험대에 올려보는 겁니다. 그동안 의심하지 않고 당연히 받아들였던 검열관의 논리를 시험대에 올려 참과 거짓의 증거를 찾다 보면 자연스럽게 그에게 복종할 이유가 별로 없다는 걸 알게 됩니다. '나는 경솔하고 말실수를 잘한다'는 생각을 인과관계의 틀에 넣고 검증해보세요. 정말로 내가 뭔가를 잘못해서 나쁜 일이 벌어졌는지, 경솔함의 기준을 어떻게 매기고 있는지 이성적으로 살펴보는 겁니다.

박현주 작가가 쓰고 그린 《나 때문에》는 자책이나 수치심 같은 부정적인 감정을 인과관계의 틀에 넣고 검증할 때 그 감정들의 정체가 어떻게 밝혀지는지 살펴보게 하는 놀라운 책입니다.

책장을 펼치면 주차장 한쪽에 놓여 있는 고양이 집이 보입니다. 그리고 고양이를 바라보는 두 개의 그림자가 있습니다. 텍스트는 딱 한 줄뿐입니다.

나 때문에 아이들이 울어요.

두 개의 그림자는 바로 울고 있는 두 아이였습니다. 고양이는 왜 주차장에 있는 걸까요? 혹시 유기된 길고양이일까요? 아이들이 우연히 발견하고 불쌍해서 울고 있는 걸까요? 다음 장을 펼쳐보면 그 이유를 알 수 있습니다.

엄마에게 쫓겨났으니까요.

이제 독자는 전후 관계를 어느 정도 알게 됩니다. 고양이는 길고양이가 아니고 아이들이 키우던 고양이였고, 어떤 이유에서 엄마에게 쫓겨나 주차장에 오게 되었다는 걸요. 그럼 엄마는 왜 고양이와 아이들을 쫓아낸 걸까요?
《나 때문에》의 매력은 인과관계를 역으로 배치한 서사 구조에

나 때문에

아이들이 울어요.

있습니다. 독자는 책장을 넘기면서 바로 앞 장에서 봤던 결과가 이번 장의 원인 때문에 일어났다는 사실을 차츰차츰 깨닫게 됩니다. '아이들이 운다 → 우는 이유는 엄마에게 쫓겨났기 때문이다 → 쫓겨난 건 아빠가 발을 다쳤기 때문이다 → 발을 다친 건 고양이가 펄쩍 뛰어올랐기 때문이다 → 고양이가 펄쩍 뛰어오른 이유는 엄마와 아빠가 소리를 지르며 싸웠기 때문이다 → 싸운 이유는 우리가 엄마랑 아빠를 자꾸 불렀기 때문이다. 아빠는 피곤하고 엄마는 집안일로 너무 바빴는데.' 이렇게 책장을 넘길수록 인과관계의 사슬이 거꾸로 이어집니다.

책의 후반부에 아이들과 고양이가 엄마와 아빠를 자꾸 부른 결정적 이유가 밝혀집니다. 그건 바로 베란다 화분에 피어난 꽃망울 때문이었습니다. 잠잠하던 화분에서 꽃망울이 스스로 터져 나온 기적적인 장면을 목격한 아이들은 그 순간을 공유하기 위해 부모님을 자꾸 불렀던 것입니다. 왜냐하면,

엄마 아빠도 좋아할 줄 알았거든요.

사건의 전모를 역추적해가는 《나 때문에》의 마지막 장에서 독자를 기다리고 있는 결말은 부모님과 기쁨을 함께 나누고 싶었던 아이들의 순수한 동기입니다. 이런 고양이와 두 아이를 향해 "너희 때문이야!"라고 불화의 책임을 물을 수 있을까요? 아이들이 자기들 때문

에 불화가 시작되었다며 자책하는 게 합당한 일일까요? 알랭 드 보통은 책《불안》에 이렇게 썼습니다.

> 상자를 하나 떠올리면 좋을 것이다. 긍정적이든 부정적이든 다른 사람들의 인식은 모두 이 상자에 먼저 들어가서 평가를 받아야 한다. 만일 그것이 참이면 더 강한 힘으로 우리에게 다가온다. 만일 거짓이면, 웃음을 터뜨리거나 어깨를 으쓱하고 털어버리는 것으로 우리에게 아무런 해도 주지 못하고 사라져버린다. 철학자들은 이 상자를 '이성'이라고 불렀다.
>
> _《불안》, 알랭 드 보통, 은행나무

원인과 결과를 합리적으로 파악할 수 있도록 돕는 '이성'이라는 상자 안에 넣어서 검증해야 하는 건 나를 향한 타인의 인식만이 아닙니다. 내가 나를 바라보는 방식 역시 검증 상자 안에 넣어봐야 합니다. 내가 나의 어떤 면을 결점으로 인식하는지, 그 인식이 자연스러운지, 유독 한 부분에 대해서만 예민하게 두려움을 갖는 이유는 무엇인지 마음 단단히 먹고 인과관계를 살피는 시간을 가져보라고 권하고 싶어요.

글을 마치기 전 한 가지 덧붙이고 싶은 말이 있습니다. 어떤 한 결점에 대해 특별히 예민하다는 건 '나는 절대로 그런 사람이 아니어야 한다'는 강력한 자기 이미지가 있기 때문입니다. 경솔한 사람이 아니어야 한다, 말실수하는 사람이 아니어야 한다는 강력한 믿음 때문에 역으로 그 부분에 예민해지는 거예요.

"사람은 다 실수하기 마련이다. 중요한 것은 어떻게 대처하느냐다"라는 주변 사람들의 조언에 오히려 기운이 빠진다는 건 그만큼 실수하는 자신을 받아들이고 싶지 않다는 뜻 아닐까요? '다른 사람이 어떤지는 모르겠고, 다 됐고, 어쨌든 나는 실수하지 않아야 한다'는 뾰족한 생각으로 스스로를 몰아세우고 있진 않나요?

우리는 모두 부끄러운 짓도 저지르고 때때로 실수도 할 수 있는 존재입니다. 몰라서, 어리바리해서, 갑자기 못된 마음이 솟아올라서 스스로 납득하기 힘든 일을 저지르기도 하죠. 이때 수치심이라는 독소가 자신을 갉아먹지 않게 하려면 자신이 실수와 잘못을 저지를 수 있는 불완전한 존재임을 인정해야 합니다. 실수를 통해 개선되고 배울 수 있다고 믿어야 합니다.

긴장을 조금 풀고, 실수할 수 있는 가능성을 스스로에게 허락해 보세요. 제가 진심을 다해 전하고 싶은 말은 어쩌면 이 한 줄일지도 모르겠습니다.

엄마 아빠도 좋아할 줄 알았거든요.
꽃이 활짝 피었다는 걸.
꽃망울이 톡 터졌다는 걸.

20
제 젊음은
이렇게 끝나는 걸까요

일상의 의무가 나를 짓누를 때

to. 에디터C

저는 연년생 아이들을 키우는 30대 초반의 주부입니다. 결혼 전까지는 배우의 꿈을 키우며 대학로에서 공연하며 자유롭게 살았습니다. 그러다 뜻하지 않게 임신을 하면서 부모님이 계신 지방으로 내려와 결혼 생활을 하게 되었어요. 두 아이가 자라면서 매일 똑같은 일상 속에서 똑같은 패턴으로 하루를 보냅니다. 물론 아이들을 진심으로 사랑해요. 정말 큰 축복이지만 전업주부로 사는 건 너무나 답답하고 힘이 들어요. 친정 엄마는 늘 "너처럼 복 받은 애도 없다"고 하시지만 저는 제 젊은 시절을 그저 애들 엄마로 사는 게 조바심 납니다. 좋아했던 춤을 다시 시작해보거나 영어 공부를 해보자 다짐할 때도 있지만 끝없는 집안일에 시댁 챙기고 어린 두 아이들까지 돌보다 보면 몸도 지치고 시간내기도 쉽지 않아요. 이러다가 다시는 무대에서 신나게 춤추지 못하고 그저 그런 아줌마가 되는 것 아닐까요? 이 두려운 마음을 어찌해야 할까요?

◆
숲으로 간 코끼리
하재경 글·그림
보림출판사

'내가 있을 곳은 여기가 아닌데'라는 어렴풋한 위기감이나 정체를 알 수 없는 정신적 허기가 느껴질 때 어떤 선택을 하시나요? 익숙했던 세계를 훌쩍 떠나 자유롭게 여행하면서 그간 놓치고 살았던 자아를 찾고 행복해진다는 영화 〈먹고 기도하고 사랑하라〉 같은 서사가 넘쳐나는 시대라서 더 헷갈립니다. 그놈의 망할 '진짜 자아'는 꼭 일상을 떠나야만 찾을 수 있는 것인지, 생활과 자아는 반드시 둘 중 하나만 가질 수 있는지, 일상의 터전을 모두 부정해야만 진짜 나를 만날 수 있는지 소란스러운 질문이 이어집니다. 딱히 털어놓을 사람조차 없을 때 책은 마음을 비워내는 비밀스러운 대나무숲이 되어줍니다. 《숲으로 간 코끼리》의 효능 역시 비슷합니다.

◇◇◇◇

"안녕하세요. 저 혜윤이 엄마예요."

어릴 때 엄마가 남의 집에 전화해 자신을 소개할 때마다 저는 기분이 상했습니다. 왜 내 이름이 아니고 언니 이름이람. 한두 번도 아니고 만날 그런다니까.

마음은 토라질 대로 토라졌지만 그렇다고 언니 이름 대신 제 이름을 말해달라고 부탁하는 건 어쩐지 자존심이 상하는 일이었습니다. 어느 날 저는 엄마에게 이렇게 물었습니다.

"엄마는 왜 엄마 이름을 놔두고 혜윤이 엄마라고 해?"

어른이 되고 아이를 낳고 아줌마가 되면 다들 그렇게 하는 거라고 했던 엄마의 말이 어렴풋 기억납니다. 사실 대답보다 그 순간 엄마가 깊이 내쉬었던 한숨이 더 생생하게 제 머릿속에 각인되었습니다. 해가 막 지고 어스름 밤이 되어가는 방 안에서 저는 나중에 어른이 되면 저를 누구 엄마라고 소개하게 될지 상상했습니다. 상상 속에서도 엄마의 한숨은 저 멀리서 들려오는 뱃고동 소리처럼 귓가를 맴돌았습니다.

우리는 여러 가지 단어로 자신을 소개할 수 있습니다. 누군가의 딸이나 아들 또는 형제나 자매, 아내나 남편, 며느리나 사위라는 이름으로 말입니다. 아니면 사회생활을 하면서 불리는 직함이나 선배, 후배로 불리는 관계의 이름으로 소개하기도 합니다. 나아가 출산을 하게 되면 세상에 던져진 여리고 작은 한 아이의 엄마와 아빠라는 이름이 자신을 설명하는 가장 커다란 단어가 되기도 합니다.

이렇게 우리는 복잡한 회로와도 같은 사회적 관계망 안에서 자아를 형성해갑니다. 상대방이라는 거울에 자신을 비춰 보면서 한 가정과 사회의 구성원으로 해야만 하는 일, 취해야 하는 자세, 지켜야 할 규칙을 배우죠. 그것들이 우리 안에서 페르소나를 이뤄 시기적절하게 가면을 쓰기도 하고 벗기도 하면서 삶을 이어갑니다. 동시에 마음속 가장 깊고 내밀한 곳에는 사회적 역할로만 재단되기는 억울한 개인적 자아가 있습니다. 누구의 옆에 있는 사람으로서가 아니라 그냥 단독자로서의 나, 지켜보는 사람이 아무도 없을 때 자연스럽게 드러나는 나, 계산 없이 들끓는 욕망, 꿈, 몽상 같은 것들로 구성된 비밀스러운 존재가 머무는 방이 모든 이의 내면에 있다고 믿습니다.

사회의 일원으로 살면서 그 목소리를 따라가는 건 쉽지 않습니다. 때로는 큰 용기가 필요합니다. '누가 하고 싶은 거 다 하며 사느냐'는 주변의 충고와 '어쨌든 엄마니까(딸이니까, 아들이니까, 남편이니까…)'라는 책임감이 끓어오르는 충동을 주저앉히는 경우가 더 많죠. 그렇게 역할이 이끄는 대로 삶을 꾸리다 어느 날 문득 자기 실종의 욕구가 피어오르기도 합니다. 아주 낯선 곳에서 처음부터 새로 인생을 꾸리는 것을 상상해보는 겁니다. 그곳에서는 진정한 자기 자신을 찾을 수 있지 않을까 하는 갈망과 열정, 때로는 격정에 서글퍼집니다.

하재경 작가가 지은 그림책 《숲으로 간 코끼리》는 사실 자아 찾기에 대한 이야기는 아닙니다. 표면적으로 보면 동물을 착취하는 인간의 이기심에 대한 이야기에 가깝습니다. 하지만 어떤 이유에선지 제겐 이 책 속의 코끼리가 '역할을 맡은 나'에 억눌려 보살핌을 받지 못한 '자연스러운 나'에 대한 은유처럼 다가왔습니다.

어느 날 서커스에 한 어린 코끼리가 도착합니다. 코끼리가 원해서 서커스에 온 것은 아니었습니다. 연유도 모른 채 서커스 단원들과 함께 지내게 된 코끼리의 일상은 의무로 가득 차 있었습니다. 날마다 새로운 동작과 묘기를 배워야만 했지요.

코끼리는 날마다 무언가를 배워야만 했습니다.
이곳에 온 뒤로 하루도 쉬지 않고 계속해서 말입니다.
물론 코끼리가 스스로 배우고 싶어 배운 것은 아닙니다.
그것은 매우 고달프고 힘든 일이었습니다.

그렇게 익힌 묘기를 서커스에서 선보이면 관객들이 환호와 박수

를 보냈습니다. 그러면 조련사는 더욱 어려운 동작을 시켰죠. 코끼리가 해야 하는 훈련은 끝이 없었습니다. 서커스 코끼리의 역할이란 그런 것이었으니까요. 시간이 흘러 코끼리는 늙고, 서커스 단장은 묘기를 못 부리는 코끼리를 동물원에 팔아넘기기로 합니다.

동물원으로 넘겨지기 전날 밤, 서글퍼진 코끼리는 서커스에 오기 전 엄마와 살던 숲을 그리워합니다. 한 번만이라도 철창을 벗어나 마음껏 숲 속을 뛰어다니고 싶다고 외칩니다.

책의 후반부는 요정의 도움으로 숲으로 간 코끼리가 자신의 본성에 맞는 일들을 하나씩 경험하는 아름다운 장면이 이어집니다. 서커스 양탄자 대신 포슬포슬 부서지는 흙을 밟는 일, 꼭 해보고 싶었던 진흙 목욕을 신나게 즐기는 일, 꽃이 가득한 들판에서 뛰어노는 일, 시원하게 내리는 비를 온몸으로 맞는 일, 나무에 달린 탐스러운 열매를 실컷 따 먹는 일까지 코끼리의 해방이 마치 내 일처럼 기쁘고 행복하게 느껴질 무렵 이야기는 커다란 반전으로 마무리됩니다. 귀띔하자면 볼로냐 국제아동도서전에서 이 책을 읽던 이탈리아 동화 작가가 결말 부분에 이르러 눈물을 참지 못하고 통역하던 한국인 스태프 품에 안겨 뜨겁게 운 일이 있었습니다. 그만큼 아프고 슬픈 반전입니다.

날마다 쉬지 않고 뭔가를 배우고 익히고 해내야 하는 코끼리의 상황은 경쟁 사회에서 온갖 역할 가면을 쓰고 열심히 살아가고 있는 우리에게도 낯설지 않습니다. 매일의 고군분투 안에서 문득 진짜 내가 사라져가고 있다고 느껴진다면 《숲으로 간 코끼리》에 마음을 기대보길 권합니다. 책을 읽는 동안 분명 마음 깊숙한 곳에 있던 뭔가가 반응할 거예요. 아내, 엄마, 딸, 며느리, 직업인의 이름을 달기 훨씬 전부터 내면 깊은 곳에서 살고 있던 목소리가 분명 어떤 말을 속삭일 겁니다. 그 목소리에 귀 기울이는 시간을 스스로에게 허락해보세요. 꼭 어딘가로 훌쩍 떠나야만 가능한 일은 아니니까요. 매일 치열하게 가꿔온 이곳에서, 사랑하는 사람들이 있는 나의 생활 가운데서도 나의 본성을 보살피는 일은 가능하니까요.

진흙 목욕은 정말 신나는 일이었습니다.
서커스에서 하던 목욕과는 비교할 수
없을 만큼 시원하고 즐거웠습니다.
코끼리는 철벅철벅 신나게 뒹굴고
뿌뿌 물도 뿜어 댔습니다.

21

저는 늘
혼자입니다

상처받고 흔들리며 삶을 사랑하는 법

to. 에디터C

집에서 나와서 혼자 산 지 이제 10년이 다 되어갑니다. 제 또래 여자가 겪을 수 있는 최고와 최악의 상황을 모두 겪어봤다고 생각해요. 의도하지 않았고 막을 수도 없었던 사건들 때문에 일자리를 몇 번이나 잃었고, 큰돈을 사기당하기도 했습니다.

하지만 가장 힘든 건 그런 순간에 늘 혼자였다는 사실입니다. 몸이 아프거나 마음이 힘들면 좋은 친구들이 곁에 있어주긴 했지만 결국 제 인생을 책임져야 하는 건 제 자신이었어요. 벌어진 사건들을 수습하며 흘러가는 대로 살다 보니 지금은 친구 하나 없는 타지에서 외롭고 막막하게 살아가고 있습니다.

요즘은 숨 쉴 때마다 언제쯤 이 괴로운 삶이 끝날까 생각하곤 합니다. 이런 갑갑한 마음을 털어놓을 수 있는 사람도 없어요. "다들 그렇게 사는 거야", "원래 인생이 그런 거야", "나도 힘들다. 그런 말 하지 마"라고 말하니까요. 사회생활을 하면서 스치듯 만나는 얕은 관계의 사람들에게조차 요즘 지쳐 보인다. 힘들어 보인다는 말을 자주 듣습니다. 하지만 저도 제 자신을 보듬어줄 수가 없어요. 출근하기 싫어서 매일 울고, 하루에도 몇 번씩 제 삶이 아무런 의미가 없다는 생각에 빠집니다. 이런 삶이라면 대체 왜 살아가고 있는 걸까요?

◆
태어난 아이
사노 요코 글·그림
황진희 옮김
거북이북스

태어나고 싶지 않아서 태어나지 않은 아이가 있었습니다. 걷다 어딘가에 부딪혀도 아프지 않았고 뜨거운 태양에 가까이 가도 뜨겁지 않았습니다. 사자가 위협해도 무섭지 않았고 모기가 물어도 가렵지 않았습니다. 빵가게에서 구수한 냄새를 맡아도 먹고 싶지 않았습니다. 태어나지 않았으니 이 모든 게 아무 상관없었습니다.

태어나지 않은 아이는 어느 상황에서도 상처받지 않고 흔들리지 않으며 그 무엇도 욕망하지 않습니다. 태어나지 않기로 결정함으로써 세계에 거리를 둡니다. 모두를 상관없는 영역으로 몰아냅니다. 일본의 훌륭한 에세이스트이자 그림책 작가인 사노 요코佐野洋子는《태어난 아이》에서 '태어나지 않음'이라는 역설을 통해 산다는 것의 본질을 드러내고 우리가 이토록 취약한 존재일 수밖에 없는 이유를 알려줍니다.

◇◇◇◇

 처음부터 이런 글을 쓰겠다고 마음먹은 것은 아니었습니다. 그림책이 제게 준 뜻밖의 위로를 혼자만 알기 아까웠을 뿐입니다. 그림책이 어떻게 불안과 조바심과 자기 증명에 대한 숨 막히는 갈증을 어루만져주었는지 블로그에 조금씩 써 내려간 게 시작이었습니다. '그림책 처방'이라는 제목으로 1년 정도 글을 썼을 무렵, 독자에게로 주파수를 옮겼습니다. 그림책에 기대고 싶은 고민이 있다면 이메일을 보내달라는 공지를 올리고 얼마 지나지 않아 받은 편지함에 숫자 '1'이 반짝 떴습니다. 2015년 여름의 일이었습니다. 그 후 2017년 여름까지 시간이 두 해를 꽉 채워 흐르는 동안 세상 속에서 미처 발설되지 못한 고민이 이따금씩 깜빡 깜빡, 받은 편지함에서 자그마한 노란빛으로 점멸했습니다. 망망대해 저 끝에서 간신히 전해져온 작은 불빛처럼 '나 여기 있어요. 내 이야기를 들어주세요' 하고.

 똑같은 사연은 하나도 없었습니다. 장난삼아 보내보거나 허튼소리를 담은 편지는 단 한 통도 없었습니다. 너무나 진짜인 이야기

여서 그 아픔이, 슬픔이, 두려움이 차라리 거짓이었으면 싶은 순간이 더 많았습니다.

처음에는 겁이 났습니다. 전문적인 심리상담가도 아닌데 이렇게 편지를 주고받아도 괜찮나, 그래봤자 고작 삼십 몇 년 정도 살아본 경험치로 뭘 안다고 이런 글을 쓰나 싶어 많이 주저했습니다. 그러나 준비가 완벽히 될 때까지 마냥 기다릴 순 없었습니다. 불빛에 응답해야만 했습니다. 서로의 얼굴은 까만 밤바다 그늘 속에 숨겨둘 수밖에 없지만 다행히 이쪽에서 깜빡거리는 신호를 잘 수신했다고, 당신의 이야기가 잘 도착했다고, 마음을 다해 읽고 당신에 대해 생각하고 있는 사람이 이쪽 편에 있다고 응답하고 싶었습니다. 가능하다면 그림책의 힘을 빌려 등을 토닥여주고 안아주고도 싶었습니다. 그런 마음으로 답장을 하고, 책을 고르고, 글을 썼습니다.

아마 저 역시 외로워본 적이 있어서가 아닐까 생각합니다. 누군가가 필요했는데 혼자일 수밖에 없었던 여러 순간들이 제 마음속 깊은 곳에 빈 골짜기를 만들었고, 그 안으로까지 스며들어온 누군가의 간절한 외침을 쉬이 넘겨듣지 못했던 것 같습니다. 처음에는 왜 제가 타인의 상처에 굳이 관여하는 글쓰기를 하는지 이해할 수 없었지만 이제는 압니다. 교감, 소통, 이해, 나아가 사랑의 온기가 그리워서 이런 글을 썼다는 사실을, '당신은 혼자가 아니에요. 당신에 대해 생각하고 있는 사람이 여기 있어요'라는 말을 듣고 싶어 하는 사람이 다름 아닌 바로 저였다는 사실을 이제는 압니다.

그동안 누군가 나에게 해줬으면 하고 바랐던 이해와 교감을 더 이상 기다리지 않고 먼저 해보기로 결심하고 이 글을 썼습니다. 그랬더니 기적 같은 일이 벌어졌어요. 제 안의 외로움은 어떻게 감당하면 좋을지 몰랐는데, 타인의 외로움은 선뜻 안아주는 제 모습을 보게 되었습니다. 사연을 보내준 독자들을 안아주고 싶다는 마음으로 글을 썼는데, 그 과정에서 자주 스스로를 안아주는 느낌을 받았습니다. 오랫동안 비워두었던 골짜기 깊은 곳에서 온기가 차오르는 경험을 글 쓰는 동안 몇 번이나 했습니다.

서로 만난 적 없는 제각각의 사람들이 보낸 사연에는 단골로 등장하는 문장이 하나 있었습니다.

"밝은 이야기가 아니라 미안해요. 이런 어두운 이야기 듣는 것도 힘들 텐데."

수십 통의 사연을 모아놓고 보니 과연 그런 말이 나올 법도 했습니다. 사람들 마음에는 왜 이렇게 상처가 많은 걸까, 사는 건 왜 이렇게 힘든 걸까, 각자 상처를 끌어안고 어쩔 줄 몰라 또 누군가에게 상처 주는 식으로 이어지는 게 삶인 걸까, 안간힘을 써봤자 결국 인간은 외로운 존재인 걸까 같은 묵직한 질문이 도돌이표에 걸린 것처럼 머릿속에서 무한 반복될 때도 많았습니다. 그러다 사노 요코가 지은 《태어난 아이》를 처음 읽던 날, 비로소 도돌이표에서 놓여날 수 있었죠. 책은 첫 문장부터 의미심장했습니다.

태어나고 싶지 않아서 태어나지 않은 아이가 있었습니다.
태어나지 않은 아이는 날마다 이리저리 돌아다녔습니다.
우주 한가운데에서 별 사이를 걸어 다녔습니다.
별에 부딪혀도 아프지 않았습니다.
태양 가까이 다가가도 뜨겁지 않았습니다.
태어나지 않았으니 아무 상관이 없었습니다.

태어나지 않은 아이는 사자가 위협해도 무섭지 않았고, 모기가 물어도 가렵지 않았고, 강아지가 날름날름 핥아도 간지럽지 않았습니다. 빵가게에서 구수한 냄새를 맡아도 먹고 싶지 않았고, 여자아이가 "안녕?" 하고 말을 걸어와도 대답하지 않았습니다. 태어나지 않았으니 이 모든 게 아무 상관이 없었습니다. 태어나지 않은 아이는 어느 상황에서도 상처받지 않고 흔들리지 않으며 그 무엇도 욕망하지 않습니다. 태어나지 않기로 결정함으로써 세계와 거리를 둡니다. 모두를 상관없는 영역으로 밀어냅니다.

그랬던 아이가 어떤 계기로 변화하게 됩니다. 여자아이가 개에 물려 상처를 입고 엉엉 울면서 엄마에게 달려가 안기는 장면을 목격한 것입니다. 엄마가 여자아이를 깨끗이 씻기고 약을 바른 다음 상처에 반창고를 붙여주는 모습을 보면서 태어나지 않은 아이는 처음으로 뭔가 원하는 마음을 품게 됩니다. 아이가 원한 건 바로 반창고였습니다. 반창고가 붙이고 싶어서 "반창고, 반창고!" 하고 외쳤는

태어나서 알았으니 아무 살련이 없었지만,
태어나지 않은 아이는 여자아이를 졸졸 따라갑니다.

엄마는 여자아이를 깨끗이 씻기고, 약을 바른 다음
엉덩이에 반창고를 딱 붙여 주었습니다.

데, 그게 "엄마!" 하는 외침으로 바뀌어 태어나지 않은 아이는 마침내 태어나게 됩니다.

　탄생의 계기가 반창고라니, 어딘지 뭉클한 은유입니다. 이 세계에 우리가 태어난 목적은 서로의 상처를 닦아주고 적절한 조치를 취한 후 덮어주는 행위를 하기 위함이 아닐까, 오래전 어느 날 "응애!" 울며 태어났던 그때는 우리 모두 서로에게 반창고를 붙여주려는 따스함과 선의를 품고 있었는데 기성 사회의 말을 배우고 질서를 익히며 그 본능을 잠시 잃어버린 건 아닐까 상상하게 만든 은유였죠.

　세상에 태어난 아이는 이제 구수한 빵 냄새를 맡으면 배가 고팠고, 모기에게 물리면 가려웠고, 강아지가 핥으면 간지럼을 탔고, 이리저리 걷다 부딪혀 다치면 아팠습니다. 바람이 불면 깔깔깔 웃기도 했습니다. 태어나기 전에는 불사조 같았던 존재가 이제는 쉽게 상처받고 흔들리며 자주 뭔가를 욕망해서 필연적으로 실망하는 취약한 존재로 바뀐 것입니다. 책의 마지막, 아이는 잠옷을 입고 침대에 오르며 말합니다.

"이제 잘래. 태어나는 건 피곤한 일이야."

　작가 사노 요코가 '인생이 원래 힘든 거니 그러려니 하고 살아라'라고 말하려고 《태어난 아이》를 지었다고 생각하지 않습니다. 우리가 살아 있는 동안 자주 상처받고, 흔들리고, 자책하고, 욕망하고,

실망하는 이유는 상관하기 때문입니다. '어쨌든 나는 상관없어'라는 울타리 바깥으로 세계를 밀어내지 않기 때문입니다. 삶은 그런 관여들로 이어집니다. 기어이 상관하게 되는, 밀어내지 못하는 어리석은 애정으로.

사연을 보내준 독자들을 향해 글을 쓰면서 자주 생각했습니다. 나는 당신이 상관없지 않다고, 그러니 당신도 당신의 삶을 밀어내지 말고 붙드시라고, 더 관여하시라고, 다치면 충분히 아파하시라고, 불덩이 곁에선 뜨거워지시라고, 구수한 냄새를 맡으면 충분히 욕망하시라고, 바람이 불면 흔들리시라고요. 그것이 당신이 삶을 사랑하고 있다는 증거니까요.

편지를 보낸 그들에게 작게나마 관여하는 동안 내내 어리석을 수밖에 없었지만 덕분에 조금 더 삶을 붙드는 방법을 깨우쳤습니다. 그들의 이야기가 상관없지 않게 된 순간 저는 살아 있다는 실감을 조금 더 가질 수 있었습니다. 입안에 오래 고여 있었던 말을 조심스레 꺼내 저에게 보내주셨던 모든 독자에게 이 지면을 빌려 다시 한번 감사드립니다.

그림책 작가 이야기 04

사노 요코
佐野洋子

사노 요코의 에세이집 《사는 게 뭐라고》가 처음 한국에 출간되었을 때다. 책 좋아한다는 사람끼리 만나 "요즘 이런 책이 재미있던데…" 하며 운을 떼면 열에 아홉은 사노 요코 얘기를 했다. '2년이라는 시한부 삶을 살게 된 뒤, 나의 일상은 더 명랑해졌다!'라는 카피를 내세운 이 책 속에서 작가는 유방암 항암치료로 머리카락이 빠지고 치매가 아닐까 하는 강박에 사로잡혀 있었다. 두 번이나 이혼을 해(그중 한 번은 앞서 소개한 일본 작가 다니카와 슌타로와 했다) 스스로를 '가정 파탄자'라고 조롱하며, 공공기관에 가기라도 하면 입구에서부터 날을 세워 싸울 준비를 한다. 차갑고 냉소적인 듯 보이지만 한편으로는 턱이 틀어질 때까지 한국 드라마를 보면서 눈물, 콧물을 쏟아내는 뜨겁고 감정적인 면모도 있다.

《사는 게 뭐라고》를 통해 독자들은 전에 없던 새로운 유형의 인생 선배를 선물 받았다. 활기차게 살아야 한다는 독려로 마음을 조급하게 만드는 대신 언젠가는 죽으니 장수는 부질없다고 말하는 사람, 수치심과 비참함 등 마음의 적나라한 어둠을 드러내놓고는 아무렇지도 않게 밥 지어 먹는 익살스런 수다로 식욕이 돌게 만드는 사람, 누군가를 사귀는 것보다 자기 자신과 사이좋게 지내는 것이 더 어렵더라는 서늘한 고백을 툭

내뱉는 사람. 삶의 까탈스러운 이야기까지 후련하게 털어놓는 그녀의 글은 '이렇게도 살 수 있다'는 신선한 가르침이었다. 이 독특한 할매는 암 재발로 시한부 선고를 받고 돌아오는 길에 남아 있던 은행 잔고를 털어 녹색 재규어를 산다. 그러고는 깨닫는다. '아, 내 평생 이런 남자를 찾아 헤맸구나!'

훌륭한 에세이스트이기 이전에 그림책 작가로 오래 활동한 그녀는 그림책을 통해서도 비슷한 메시지를 전한다. 나는 사노 요코가 만든 그림책의 책장을 한 장 한 장 넘길 때마다 매캐하고 걸걸한 목소리를 가진 할머니가 내 등짝을 짝 치며 이렇게 외치는 장면을 상상한다.

"으이구, 이 ×야. 정상적으로 보이는 것보다 더 중요한 건 자기답게 사는 거야!"

2004년에 출간한 《나는 고양이라고!》는 하늘에서 비처럼 쏟아져 내리는 고등어 떼에 쫓기는 고양이 이야기다. "네가 고등어를 먹었지?" 하면서 가는 곳마다 쫓아와서 정죄하는 고등어들에게 한참을 시달리던 고양이는 어느 순간 고개를 홱 돌려 이렇게 소리 지른다. "당연하지. 나는 고양이라고!" 의기소침해지는 사건 앞에서 우린 자주 이렇게 묻는다. '아, 나는 왜 이렇게 생겨먹었을까?' 사노 요코 할머니는 대신 이렇게 외칠 것을 권한다. "내 본성이 이런데 어쩌란 말이야?"

그녀에게 큰 명성을 가져다준 대표작 《100만 번 산 고양이》는 100만 번이나 환생한 얼룩 고양이 이야기다. 100만 명의 사람이 얼룩 고양이가 죽었을 때 눈물을 흘렸지만 고양이는 단 한 번도 울지 않았다. 매사에 심드렁했던 얼룩 고양이는 어느 날 하얀 고양이를 만난다. 처음으로 자기 자신보다 누군가를 더 사랑하게 된 얼룩 고양이의 삶에 기쁨이 찾아든다. 하얀 고양이가 죽던 날, 얼룩 고양이는 처음으로 눈물을 흘린다. 그리고 환생하길 멈춘다. 삶이 아름다운 것은 유한하기 때문이며, 그럼에도 불구하고 또 다른 유한한 존재를 사랑할 때 삶의 의미가 완성된다는 메시지가 커다란 울림을 남기는 작품이다.

사노 요코의 에세이와 그림책이 특별한 이유는 그 안에 삶에 대한 환상이나 신화가 없기 때문이다. 특히 행복에 대한 강박이 없다. 인생에 근심이나 걱정은 없어야 한다고 믿어버리는 순간부터 사는 게 골치 아파지는 법이니까. 사노 요코 할머니라면 굴뚝처럼 매캐한 목소리로 등짝을 짝 치며 이렇게 말할 것이다.
"산다는 게 원래 × 같은 거야. 왜 너라고 매번 행복해야 해?"
그러면 아마도 나는 그 품에 안겨 안도하겠지.

함께 읽으면 좋은 책

《100만 번 산 고양이》, 사노 요코 글·그림, 비룡소
《아저씨 우산》, 사노 요코 글·그림, 비룡소
《아빠가 좋아》, 사노 요코 글·그림, 비룡소
《나는 고양이라고!》, 사노 요코 글·그림, 시공주니어
《두고 보자! 커다란 나무》, 사노 요코 글·그림, 시공주니어
《좀 별난 친구》, 사노 요코 글·그림, 비룡소